# 新时期高校辅导员工作与队伍建设研究

杨　玲／著

北方联合出版传媒(集团)股份有限公司

万卷出版有限责任公司

图书在版编目 (CIP) 数据

　　新时期高校辅导员工作与队伍建设研究 / 杨玲著 .
— 沈阳 : 万卷出版有限责任公司 , 2022.12
　　ISBN 978–7–5470–6089–6

　　Ⅰ . ①新… Ⅱ . ①杨… Ⅲ . ①高等学校 – 辅导员 – 师
资队伍建设 – 研究 Ⅳ . ① G645.1

　　中国版本图书馆 CIP 数据核字（2022）第 173429 号


**出版发行：**北方联合出版传媒（集团）股份有限公司
　　　　　　万卷出版有限责任公司
　　　　　（地址：沈阳市和平区十一纬路 29 号　邮编：110003）
**印 刷 者：**北京亚吉飞数码科技有限公司
**经 销 者：**全国新华书店
**幅面尺寸：**170mm×240mm
**字　　数：**245 千字
**印　　张：**13.75
**出版时间：**2023 年 4 月第 1 版
**印刷时间：**2023 年 4 月第 1 次印刷
**责任编辑：**张冬梅
**责任校对：**刘　洋
**装帧设计：**马静静
ISBN 978–7–5470–6089–6
**定　　价：**82.00 元

# 前言

　　提高教育质量,关键是提高人才培养质量;而提高人才培养质量,关键是抓好大学生的思想政治教育。加强大学生日常思想政治教育必需有一支政治强、业务精、纪律严、作风正的高素质辅导员队伍。没有高素质的辅导员队伍,就没有高质量的日常思想政治工作。加强大学生日常思想政治教育的重要因素在辅导员,必须把辅导员队伍建设放在学校工作的重要位置,只有全心全意地依靠辅导员队伍,坚定不移地建设辅导员队伍,才能落实育人为本、德育为先的育人理念,才能落实提高高等教育质量的历史使命,才能培养全面发展的大学生,才能做好让人民满意的高等教育工作。

　　加强高校辅导员队伍建设,要进一步明确辅导员的地位、作用、工作职责、素质要求,进一步认识辅导员工作的重要性,进一步增强辅导员工作的时代性。只有明确这些问题,才能使辅导员队伍在大学生日常思想政治教育中发挥更大的作用。高校辅导员肩负着教书育人、管理育人、服务育人的重要职责,是高校教师队伍的重要组成部分,是高校开展大学生日常思想政治教育工作的骨干力量。高校辅导员具有日常思想政治教育和管理工作的组织者、实施者、指导者,以及大学生的人生导师和健康成长的知心朋友的多重角色。一名优秀的辅导员,必须善于学习,勤于实践,勇于创新,甘于奉献,不断增强自身素质。辅导员要真正把本职工作当作一门学问去学习去研究,当作一项育人事业去实践去追求,当作一个神圣岗位去努力去奋斗。广大高校辅导员要促进大学生健康成长成才,进一步增强责任感、使命感、光荣感,坚持爱心与责任的统一,努力成为新时期探索思想政治教育工作的实践者和开拓者,努力成为思想政治教育工作的行家能手。

加强辅导员队伍建设，关系到培养社会主义合格建设者和可靠接班人，关系到高校安全稳定，关系到高等教育事业顺利发展。因此，我们必须用战略眼光、战略思维、战略决策去建设好这支重要队伍。总之，新时期高校辅导员应该成为集教育、管理、服务和教学科研于一体的教师，引导大学生树立正确的世界观、人生观、价值观，树立远大的目标和崇高的理想，帮助大学生正确处理成才道路上所面临的学习、生活、工作等挑战，服务并帮助解答大学生全面发展中需要解决的各种问题。因此，高校辅导员要研究当代大学生思想教育所面临的新课题，研究新形势下高校学生辅导工作中的重点难点问题，以便更好地引导青年学生正确对待学习、生活、情感和就业等方面的问题，及时化解各种矛盾，维护校园和谐、安全与稳定，促进高等教育事业持续健康发展。为此，笔者在参阅大量相关著作文献的基础上，精心策划并撰写了本书。

本书紧紧围绕新形势下高校辅导员工作中的大学生日常思想政治教育问题、高校学生党建工作问题、高校学生干部队伍建设问题、大学生学风建设问题、大学生社会实践的组织管理问题、大学生心理健康教育问题、贫困家庭学生资助问题、大学生职业生涯规划与就业指导问题、大学生网络文明行为的规范与引导问题、高校大学生校园危机事件与突发事务应对问题等来展开探讨。这些问题都是新形势下高校辅导员工作面临的重点与难点，也是亟待深入研究的前沿问题。本书对这些问题进行了初步探索，希望这种探索对加强和改善新形势下高校辅导员工作，加强辅导员队伍建设，进一步加强和改进大学生思想政治教育能起到积极的推动作用。

本书在写作过程中参考了诸多与高校辅导员相关的文献资料，并引用了相关专家和作者的观点，在这里致以诚挚的谢意，并将参考资料列于书后，如有遗漏，敬请谅解。由于笔者学识有限，书中存中疏漏之处实属难免，恳请广大读者不吝指正。

作　者

2022 年 6 月

# 目 录

# 第一章

## 辅导员概述

在我国高校的大学生管理中,辅导员发挥着重要的作用。本章主要对辅导员界定、我国辅导员制度的产生与发展、我国辅导员的角色定位展开详细分析,为下文的展开做好理论上的铺垫。

## 第一节　辅导员基本理论分析

在落实高校立德树人根本任务过程中,辅导员无疑是承担大学生思政育人的骨干力量之一,作为大学生日常思政育人与管理的组织者、实施者和指导者,新时代高校辅导员如何"理直气壮"地肩负起对大学生政治上正确引导、思想上守正引领、学习上精准辅导、情感上施爱疏导、行为上躬身教导、就业上规划指导的时代使命,在信仰、理论和实践上实现三个"彻底",应该作为高校辅导员做好日常工作的三个着力点。

### 一、高校辅导员概述

随着高校扩招,辅导员队伍面对着来自各方面的新情况,辅导员队伍无论从数量上还是质量上,都远远满足不了高等教育事业发展的需要。前几年,辅导员队伍突出并带有普遍性的问题有:一是队伍不稳定,二是人员结构需要改善,三是自身素质尚待提高。

（一）大学生辅导员的工作定位和基本素质要求

教育部对大学生辅导员的定位是八个字:知心朋友、人生导师。很多高校要求大学生辅导员要成为思想问题的解惑者、专业学习的指导者、人生发展的导航者、生活心理的关怀者。

有学校总结,辅导员应该是大学生心目中的"良师、益友、榜样",这是很有道理的。大学生辅导员需要具备很多素质,概括地讲,要有深厚的理论基础、崇高的理想信念、高尚的道德情操、健康的心理状态、广博的知识储备、过硬的工作能力、无私的奉献精神和强健的体魄。

（二）高校辅导员的困难

目前来看,辅导员队伍中的很多问题得到了解决或者缓解,同时也出现了新的问题:一是辅导员能否正确定位自己的工作;二是辅导员的工作理念是否正确,工作方法是否合理;三是辅导员如何适应国家政策要求,按照职业化、专家化的要求提升自己,能否做大学生的知心朋友、人生导师。辅导员面对的困难,是来自社会、学校、学生和自身等方面综合作用的结果。

我们可以思考:一个辅导员做事情效率低,指导一个班级,一年之中没有让学生了解什么、感悟什么,只是如保安、交通警察、父母一样监督、处罚或者疼爱自己的学生,这是对大学生群体的正确(终极)辅导吗? 大学生仅仅需要这样的辅导吗? 应该说,辅导员把视角放大、手段放宽,提升辅导的针对性、实效性,强化辅导力,辅导出实招、见实效,让大学生对自己成长中的困惑保持清醒才是最重要的职责。[①]

**二、辅导员工作学:辅导员工作是一门学问**

辅导员工作最大的法宝是"思想工作",做大学生的说服教育工作。但是,我们应该看到,辅导员不是万能的,一些事情是辅导员没有办法

① 潘国廷.大学生辅导学 基于高校辅导员视角[M].青岛:中国海洋大学出版社,2009:118.

解决的,如食堂的伙食问题、住宿问题等。因而,辅导员工作相对来说是比较复杂的,需要认真对待。

（一）辅导员工作目标:把"高期望值"变成一种激励

以往经常有这样的事情发生,学生出了任何方面的问题,专业教师、家长就会说:"辅导员工作是怎么做的?"很多专业课教师,总认为凡是涉及大学生的事情都是辅导员的事情,都是学生工作系统的事情,与他们无关。这种认识是片面的,是对大学生辅导工作的理解失误。专业课教师在教学科研之外,也有育人的职责。

育人,不单单是辅导员的事情,而是需要高校各方面力量参与的工作,只是辅导员在育人中发挥着更加重要的作用。现在,很多高校落实"全员育人"理念,提出了"教育育人、管理育人、服务育人",这是大学生辅导工作的正确思路,实施得当,就可以发挥教师队伍、后勤队伍的育人优势。另外,专业教师有自身独特的育人优势,在一些事情上,辅导员说的大学生不一定相信,而专业教师说的他们不会有任何的怀疑。因此,高校专业教师参与学生的教育引导是趋势,也应该是教师本身的一项职责。

很多时候,大学生出现了问题后,辅导员或多或少都有责任。对此,辅导员可以把这看作对自身的鞭策,把这一高期望值当成对自身的一种激励。辅导员工作的目标是学生健康地成长成才,并且为了这个目标而不懈努力。只有这样,辅导员才能够适应形势发展的需要,在自己的岗位上创造出不俗的业绩。

（二）辅导员要加强自身建设,敬业爱岗

辅导员强化个人素质是为了更好地胜任和开展工作。在引导大学生讲求奉献、干事创业、爱岗敬业的情况下,如果辅导员不能以身作则,那就谈不上教育学生。"其身正,不令而行;其身不正,虽令不行。"以身作则、为人师表是教师的优良传统。辅导员的工作首先是一种职业,所以做好自己的工作是辅导员的天职。由于辅导员工作有别于其他工作,工作具有随时性、随机性,付出的时间与精力无法量化,工作效果反馈时间长,这就给辅导员提出了一个现实的问题:是被动地去做工作,还是主动地寻找工作?工作态度的不同决定了工作的成效,而且成效是长期的。这就要求辅导员要做到敬业和乐业:在敬业基础上做到乐业。

只有热爱自己的工作,才能赢得学生的尊重,才能自觉担当起时代赋予的神圣职责。当然,高校建立相应的激励机制、监督考评机制、奖惩机制也是十分必要的。

（三）辅导员工作要讲求方法

辅导员的工作并不是单纯的思想政治工作,辅导员还要处理学生日常事务,指导学生会、社团、班委会工作等,这就要求辅导员要善于协调各种工作关系,分层次管理。在具体工作中,辅导员需要协调好以下关系：辅导员与任课教师的关系,班委会与学生会之间的关系,团支部与班委会之间的关系,培养骨干与发展党员的关系,学生思想政治工作与日常管理的关系,活跃班级宿舍氛围与端正学风的关系,发挥学生干部作用与指导帮助的关系,个别关注与整体带动的关系等。辅导员的工作艺术,可以概括为三点：既要树立个人权威,又要善于贴近学生；既要把握总体走向,又要关注个别群体；既要善于协调各类关系,又要明确职责定位。辅导员的具体工作方法有很多,包括交流、关爱、借鉴、约束、示范等。

# 第二节　我国辅导员制度的产生与发展

虽然我国辅导员制度产生时间与西方国家相比而言相对较短,但其从产生之后经过多年的发展与演变,已经形成了比较完善的制度体系,本节主要研究我国辅导员制度的产生与发展情况。

## 一、我国辅导员制度现状

我国辅导员制度经历了五十多年的发展,全国各地各高校采取各种措施加强辅导员、班主任队伍建设,积累了相当丰富的经验。各省的思想教育理论研究会和高校学生工作部（处）也通过一些研究项目的开展或者辅导论文征集等活动,促进了辅导员理论研究的进展,积累了一部分研究成果。但从总体上看,我国的辅导员还不能很好地适应新形势下加强和改进大学生思想政治教育的需要,还存在一些问题和困难。

（一）我国辅导员的专业化状况

我国辅导员在过去的五十年中并没有趋向专业化,即没有出现分工很细的分类,而是统称思想政治辅导员,并且从业人员以兼职青年教师、研究生居多。在社会发展、高等教育变革、学生心理问题严重、职业发展成为高校热点问题的大背景下,有些高校在学校层面或者院系层面开始设专职人员负责相关事宜,但非常规范的专业辅导员并没有真正意义上出现。一般意义上的高校辅导员包括专职思想政治辅导员、青年教师兼职辅导员、研究生助管兼职辅导员和高年级学长辅导员几种类别。各地、各高校根据实际情况不同,辅导员的组成情况会有所不同。浙江省在国家加强未成年人思想政治道德教育建设的背景下大大提升了全职辅导员的数量。清华大学、复旦大学等高校则采取了人才培养与辅导员用人相结合的制度。[1]

从全国范围来看,我国的辅导员专业化还没有真正开始,辅导员还未形成自身的核心业务,从业人员也相当不稳定。部分青年教师在学校的安排下不得不从事辅导员工作,许多应聘专职辅导的人希望以辅导员岗位为跳板向学术方向或管理方向发展。

（二）我国辅导员工作的运行机制

在我国高校中,每一个班级必须配备一名辅导员来进行管理。一般情况下,从形式上来看,辅导员由学校分管学生工作的党委副书记所主管的学生工作部来进行管理,对学生进行全方位的管理和思想政治教育。但事实上,学生工作的重心是在院系,各院系都会设置分管学生工作的党总支（支部）副书记和副院长（系主任）,下设班（年）级辅导员。一般情况下,每周在学校层面会有一次学生工作例会,由学校层面党委副书记、相关部处和院系总支副书记（学生工作负责人）共同出席,上传下达相关学生工作事宜。会后,院系层面也会安排一次学生工作例会,由学院分管学生工作的领导、辅导员、分团委书记等人共同出席。会议根据学校学生工作例会精神和院系安排对辅导员进行工作布置,并汇总基层情况。因此,我国辅导员是以班（年）级为单位开展工作的。

① 李奕林.高校辅导员工作手册[M].北京:新华出版社,2008:78.

## 二、我国辅导员制度的发展方向

从辅导员制度的现状来看,随着我国高等教育的国际化发展与高等院校的改革,以及西方学生事务管理理论对我国高校学生工作的启示,辅导员制度在经历了多年的发展后,面临着理论和实践方面的进一步丰富和发展。

### (一)辅导员工作的专业化发展

《教育部关于加强高等学校辅导员班主任队伍建设的意见》指出:"辅导员、班主任是高等学校教师队伍的重要组成部分,是高等学校从事德育工作,开展大学生思想政治教育的骨干力量,是大学生健康成长的指导者和引路人。"同时也指出:"要统筹规划专职辅导员的发展。鼓励和支持一批骨干攻读相关学位和业务进修,长期从事辅导员工作,向职业化、专家化方向发展。"专业化的前提是改变所有学生事务块状集中于班级由一个辅导员完全负责的现状,应当将德育、心理辅导、职业辅导、学生贷款和资助等专业化的学生事务集中到学校层面上,选拔专业化的辅导员来承担。带班和住楼辅导员则主要承担学生管理工作。辅导员的专业化发展将建立在辅导员专业和职能分类的基础上。

### (二)辅导员队伍的培养和培训机制

我国辅导员队伍培训还处在比较初级的阶段,大部分情况下由年长辅导员对年轻辅导员进行传、帮、带,缺乏完整的培训体系。我国的思想政治教育专业本科学位、第二学位和专业硕士培养属于思想政治教育专门人才培养,是实现辅导员队伍专家化的重要途径。但从全国范围来看,与辅导员职业对口的思想政治教育专业毕业生很少从事辅导员工作,大批非思想政治教育专业却专门从事辅导员工作的人又留恋自己的原专业。

在发达国家和地区,从事辅导工作的人大多毕业于专门的辅导学专业、辅导与咨商专业、教育学专业或者咨询心理学专业。我们应采取一定的措施促进专业教育与辅导员工作的挂钩。教育部《关于加强高等学校辅导员班主任队伍建设的意见》着重提出了辅导员、班主任的培养和培训工作。"各地教育部门和高等学校要制定辅导员、班主任培训规划,建立分层次、多形式的培训体系,做到先培训后上岗,坚持日常培训和专题培训相结合。"由此可见,我国对辅导员的培养将向专业学位方向发展,在培训机制方面将会形成科学的培训体系。

# 第三节　我国辅导员工作的理念与思路

辅导员工作的顺利开展需要遵循一定的原则,坚持科学的发展理念,并在一定的指导思路下进行。其中,辅导员工作的理念如教育的理念、大学的理念、大学生教育的理念等。下面针对辅导员工作的理念与思路展开深入分析。

## 一、辅导员工作的理念

《英汉辞海》介绍,"理念"(idea)一词通常的用法有两种:一是把理念看成观念、概念,包括认识、思想、价值观、信念、理想等抽象的内容,又涵盖如目的、宗旨、原则、追求等具体内容。二是把理念看作一种系统的理性认识和信念,是一种反映教育发展本质特征和规律的观念,因而它不是作为普遍的或一般的观念,而是更多地表现为康德的"纯粹理性"概念中的含义,更具有理性色彩,更加系统化。根据《汉语大词典》介绍,理念是"理性概念",并且是抽象的。理念也可以视为人们社会生活和思想行为的精神支柱。理念,简单解释就是指理论观念,是工作中的一种指导思想。

### (一)教育的理念

#### 1.教育的经典理念

孔子的"因材施教""诲人不倦""三人行必有我师""不愤不启,不悱不发,举一隅不以三隅反,亦不复也""有教无类""己欲立而立人,己欲达而达人"等教育理念,堪称世界教育史上的经典理念。

孟子的"富贵不能淫,贫贱不能移,威武不能屈""人之初,性本善""学问之道无他,求其放心而已矣""贤者以其昭昭使人昭昭,今以其昏昏,使人昭昭"等,也是教育经典中的经典。[①]

陶行知认为,"教育者不是造神,不是造石像,不是造爱人,它们所要创造的是真善美的活人""千教万教,教人求真;千学万学,学做真人"。他还认为,人要做"人中人",不要做仗势欺人的"人上人",也不要做自卑自哀的"人下人"。做人要"做一个整个的人",具有"健全人格"。

改革开放以来,学校里提出的"五讲、四美、三热爱""培养有理想、有道德、有文化、有纪律的四有新人"等理念,都是十分重要的教育理念。

### 2. 教育实践中形成的理念

在办学实践中,有学者提出"精神成人、专业成才"的理念,有的学校实行"发挥优势、发展特长、人人成功、人人成才"的理念,有的培训学校制定了"行走,一千里路定人生"的教育理念,有的高校实行"侧重个性培养,全员成才教育"的教育理念。随着素质教育的兴起,"不求人人升学,但求人人成才""文凭不如水平,学历不如能力"等教育理念开始被认可。

对于人的"成才",现在是成才的"立交桥"理念、"终身学习"理念,而非正规高考的"独木桥"理念了。"立交桥"包括学历教育与非学历教育,全日制教育与非全日制教育,正规学校教育与函授、远程教育,多媒体教育等多种形式。在信息多元、知识快速更新的时代,"终身学习"的教育理念显得尤为重要。因为工作需要、成才需要,每个人都应该而且可以进一步深造,考取函授本专科、在职研究生等,一些企业单位也可以开设各类学习班、培训班等。

### (二)大学的理念

在《大学之理念》《大学的精神》《大学理念论纲》等著作里,有很多篇幅介绍了国外大学的理念,在此不再一一列举,下面仅介绍中国的典型大学理念。

---

① 潘国廷.大学生辅导学 基于高校辅导员视角[M].青岛:中国海洋大学出版社,2009:90.

蔡元培可以说是中国现代大学的接生者、推展者。他说："大学者，研究高深学问者也。""诸君须知大学，并不是贩卖毕业证的机关，也不是灌输固定知识的机关，而是研究学理的机关。""在大学必择其以终身研究学问者为之师，而希望学生于研究学问之外，别无何等之目的。"蔡元培关于"学术自由"之主张，"兼容并包"之主义，已经成为他精神的象征。

除蔡元培之外，近现代的张之洞、严复、张伯苓、吴玉章、梅贻琦、竺可桢等教育家的教育理念，也都有很强的指导意义。

大学的理念，或者说是教育的理念，往往可以从校训中获取，如北京大学的"民主、自由、科学"，清华大学的"自强不息、厚德载物"，复旦大学的"博学而笃志，切问而近思"，山东大学的"气有浩然、学无止境"，国防科技大学的"厚德博学、强军兴国"，黑龙江大学的"博学慎思、参天尽物"，南开大学的"允公允能，日新月异"，宁波大学的"实事求是、经世致用"，曲阜师范大学的"勤奋、朴实、团结、进取"，山东理工大学的"厚德、博学、笃行、至善"，临沂师范学院的"有用、有效、先进"等，都各有特色，寓意深远。

（三）大学生教育的理念

针对大学生的教育，有很多种提法或者叫法，内容往往大同小异。

1. 素质教育

相当长的一段时间里，"重智轻德"使人才发展失去了全面和平衡。中国大学生缺少的不仅是创新能力，还缺少一种来自能力、精神、人格等多个层面糅合起来的综合素质。也就是在这一背景下，素质教育才被重视。

素质教育就是人的教育，促进人的发展的教育。素质教育以学生的需要为本位和核心，以培养其良好的个性为出发点和归宿。其本质是一种理想人格教育，其目的是使学生做到博学与专长、继承与创新统一、理性与信仰、个性与社会、为学与做人统一。

素质教育的着眼点是促进全民族素质提高和社会发展，因而是面向未来、面向世界、面向现代化，具有战略性和前瞻性的教育。素质教育的理念就是"全面发展"的理念。素质教育的实施，可以使大学生的综合素质得到全面的提升。

2. 可持续发展教育

1987年，联合国世界环境与发展委员会在《我们共同的未来》报告中指出："可持续发展是既满足当代人的需要，又不对后代人满足其需要的能力构成危害的发展。"可持续发展的核心是发展，同时也应该是包括人、社会、自然、环境在内的多因素的共同、全面发展，其根本目的是消除各种不利于人类发展的因素，满足整个人类的需要。

可持续发展的要点包括：发展、限制、可持续。高等教育可持续发展，就是要求高等教育的发展既要满足于当前需要，更要着眼于未来的发展，形成具有可持续性的发展能力和发展后劲，促进高等教育健康、稳定地发展进步。

大学教育的可持续发展内容包括四个方面：一是要与整个社会乃至人类的经济、政治、文化、教育、科技等领域的可持续发展相衔接、相协调并不断优化；二是应使社会的每一位成员都能够公平地接受教育，得到全面、持续的发展，不断满足人们日益增长的文化教育需要，并不断提高教育质量和办学效益；三是要重视物质文明和精神文明的"双重建设"；四是注重专业的不断调整与改造和学科之间的相互渗透与融合，并使教学内容与课程结构充分体现经济、社会、人、自然之间的全面、协调发展。

从可持续发展战略的价值取向来考察，高等教育可持续发展理念主要包含三个方面，即价值观、人才观和发展观。其中，"人才观"主要指"促进个体的全面和谐发展，既要重视知识传授、技能培养，也要培养完美人格、发展强健体魄，更要促进科学精神和人文精神的融合，从而实现个体全面和谐的发展；面向全体学生，促进群体的平等协调性发展，既要重视拔尖人才的脱颖而出，又要因材施教，以学生为本，全面提高人才培养质量……"

3. 科学发展观教育

科学发展观，也就是"坚持以人为本，树立全面发展、协调发展和可持续发展，促进经济社会和人的全面发展"的科学发展观。科学发展观教育，说的是在大学生教育管理过程中，要通过形式多样的活动，向学生阐述科学发展观的思想，教育学生思考科学、定位科学、目标科学、奋斗科学。不要过多灌输正确、合理、可行，而是要开展"科学发展观教育"。

大学生科学发展观教育的核心是"科学世界观",次要核心是"科学的人生观、价值观"。确立"科学的人生观、价值观"是"科学发展观教育"的次要核心,也是大学生需要面对的问题。"科学发展观教育"的题中之义是发展,离开了发展,发展观教育就失去了意义。对于大学生,发展的核心是"成才"。高校对大学生贯彻更具有针对性的科学发展观,是加强大学生素质教育、激励大学生成才,实现高等教育培养目标的保证。

### 4.成功学教育

《新编学生汉语词典(修订版)》对"成功"的解释是"(事业或工作)达到预期的成果"。在特定的环境中,成功是有规律可循的。简单地理解,成功就是获得预期的结果,成功学就是使人成功的学问。严格意义上的成功学,是专门研究成功的规律、方法与途径,并在实践、总结基础上付诸实施的一门理论科学。成功学的标志性人物与书籍是:戴尔·卡耐基的《人性的优点》《人性的弱点》《快乐的人生》《伟大的人物》等,拿破仑·希尔的《成功规律》与《成功学教程》等。

成功与成功学的简单关系是:成功是目标、追求,成功学是为实现目标而具有的方法、策略、因素与理论;一个成功的人不一定知道什么是成功学,一个懂得成功学的人不一定成功,但是一个人一旦掌握了成功学理论并付诸实施,那么成功概率就会变大;个人的成功需要素养、才能、智商与机遇等多种因素的综合作用,而懂得成功学理论要素只需要一本书或者一个事例。

成功学在高校人才培养中应用的条件是:高校教会学生认识成功,知道什么是成功;大学生知道什么是成功学的原理与要素。在此基础上,通过多种渠道,把成功学的理论与要素引入大学生思想政治教育、大学生就业创业教育和大学生素质拓展中,达到育人的目的。

### 5.三个层次教育

生命教育、人生观教育、生存教育是三个递推关系的教育。生命教育侧重阐述"活的意义",人生观教育重在阐述"活的目标",生存教育侧重教会学生提高"生存能力"。在生命教育中,不能单列生命,要把生命教育与理想信念教育、人生观教育结合起来。人生观教育只有从面对生命的角度出发,才能展现出它的无穷魅力。生存教育是人生观教育、生命教育的外延和补充,也包含心理健康教育等内容。三种教育互为补充、相互联系,是大学生教育不可分割的三个部分。

## 二、辅导员工作的思路

大学生辅导工作因为涉及很多的方面和因素,加上不同高校的生源质量、专业设置、培养目标的不同,导致了各高校大学生辅导工作具有不同的做法和思路。工作思路的不同,导致了工作侧重的不同,就会有不同的效果。考虑到辅导员群体的相似性,辅导对象(大学生)的相似性,虽然不同高校大学生辅导思路的"叫法"不同,操作方法有差异,但是不同高校大学生辅导的思路往往是相似的。因此,各高校大学生辅导思路的差异并不是工作本质上的差异,而是侧重点的差异、辅导效果的差异。

(一)高校人才培养思路影响大学生辅导思路

高校人才培养思路的差异,影响到大学生辅导的思路差异。以下是几类不同的高校人才培养思路。

1."知识、能力、人格"三位一体

同济大学确立了"知识、能力、人格"三位一体的全面素质教育和复合型人才培养模式,坚持"人才培养、科学研究、社会服务、国际交往"四大办学功能协调发展。

2."知识、能力、素质"三位一体

山东理工大学于 2007 年出台《关于构建知识能力素质三位一体人才培养体系的意见》,该体系由"专业培养"和"素质拓展"两部分方案构成,按照学生全面发展原则、适应社会需求原则、培养内容协调性原则、理论体系系统性原则、学科交叉原则、课程精简原则,学校致力于培养"基础厚、能力强、素质高、具有创新精神的应用型高级专门人才"。

3.本硕统筹培养模式

清华大学在所有工科类专业实行"本科—硕士—研究生统筹培养

模式",理科、经济、管理、人文社科和法学等专业实行"4年本科+2年硕士"的培养模式。清华大学还教育大学生要"立大志,入主流,上大舞台,成大事业",要"为祖国健康工作50年"。

（二）辅导员队伍建设思路影响大学生辅导思路

高校辅导员队伍建设的思路往往反映、代表了该校大学生辅导的思路。因此,我们可以这样认为:考察一所高校辅导员队伍建设的思路,就是在考察大学生辅导的思路。

1. 中国地质大学（武汉）"聚变工作效能"思路

中国地质大学（武汉）注重打造专业化辅导员队伍,提出了"灵活机制提升业务水准,政策保证加速发展定位,文化建设聚变工作效能"思路。

学生工作的总体思路和要求是:以习近平新时代中国特色社会主义思想为指导,贯彻落实党的十九大和十九届二中、三中、四中、五中全会精神,贯彻落实习近平总书记关于教育的重要论述和全国教育大会精神,落实立德树人根本任务,紧紧围绕学校中心工作,对照学校工作要点,强主业、促改革、抓内涵、兜底线,强化学生工作党委指导,做好巡视整改工作,科学编制好学生工作"十四五"规划,开展好学生评价和学生工作评价改革,积极构建和完善发展型学生工作体系,推动学生工作高质量发展,为精心服务学生成长成才和全面助力建设地球科学领域国际知名研究型大学贡献学工力量。

2. 中国地质大学（北京）"质量生命线"思路

中国地质大学（北京）的思路是:坚持"高标准、严要求、重培养、优发展"思路,创新辅导员选拔机制;坚持"可持续发展"思路,创新辅导员培训机制;坚持"制度化、动态化"思路,创新辅导员考核机制;建设"内外结合"思路,创新激励机制;坚持"质量生命线"思路,创新交流机制。

学校在辅导员培训工作中坚持"可持续发展"思路,建设学习型、创新型辅导员团队,确保思想政治工作富有针对性、持久性和时效性。学校在辅导员培训中做到"四个方面"（集中研讨、参加培训、业务进修和交流活动）相结合,坚持"三个结合"（岗前培训、岗中培训和骨干培训相结合），针对辅导员政治理论、形势政策、业务知识、工作能力、学生队伍的深层次等问题，不断提升辅导员的政治素质、理论水平，完善其知识结构以及分析问题和解决问题的实际能力。近年来，学校相继邀请教育部思想政治工作司、北京市大学生心理素质教育研究中心、清华大学、北京师范大学、首都师范大学、中国青年政治学院等专家和学者进行心理学、教育学、管理学、社会学等方面的讲座和培训，并有计划地选送优秀辅导员在思想政治教育、法律、哲学、心理学和地质、环境、工程等专业性较强的学科深造。学校还非常重视研究生辅导员队伍建设，每个院（系）都配备了研究生辅导员。此外，学校还选派优秀辅导员到上海、广州等地参加心理咨询、大学生就业等方面的业务培训。通过培训，大幅度地提高辅导员教育人、引导人、发展人、服务人的理论素养，为辅导员队伍建设奠定了坚实的思想基础和理论保障。

### 3. 同济大学让辅导员挂职思路

同济大学根据辅导员自身特点和岗位要求，在辅导员培训上创新思路，舍得投入，让他们到企业挂职，到农村支教，到国外考察，使他们受到了教育，丰富了阅历，增长了见识，由此也就形成了做学生思想政治工作的一种底蕴和优势。[①]

具体要求是：一要在工作中加强与教师、学生、家长的沟通交流，深度参与学校的各项活动，深入了解教育现状，用带来的新信息、所学的理论知识，积极为教育发展、学校管理建言献策，贡献智慧。二要在挂职锻炼过程中，通过调研、思考、总结，全面了解基础教育现状和学生的学习生活背景，为今后做好辅导员工作打下坚实基础。三要通过挂职锻炼有所收获，有所提高。

### 4. 华中科技大学让辅导员"研究中提升"思路

华中科技大学积极培养"专家"型辅导员引导学生成长，提出了"名校中学习：让辅导员成为思政教育专家；研究中提升：让辅导员成为心理危机干预专家；企业中备课：让辅导员成为职业指导专家"的思路。

---

① 李开世，钱晓 . 新时期高校辅导员工作探索 [M]. 成都：西南财经大学出版社，2008：55.

### 5. 清华大学"双肩挑模式"思路

清华大学设立辅导员岗位以来,"双肩挑"是其基本模式,一大批优秀的辅导员一肩挑思想政治工作,一肩挑专业学习,成为学校一种特殊的因材施教、培养拔尖人才的有效途径。也有学者认为,清华大学"双肩挑模式"也可以理解为"换肩挑模式"。

# 第二章

## 高校辅导员工作概述

　　高校辅导员工作在长期的发展过程中形成了一定的程序,对这些程序的了解有助于我们充分认知辅导员工作,如高校辅导员工作的意义、要求、任务、原则等,本章就对这方面内容展开深入分析。

## 第一节　高校辅导员工作的意义和特点

　　辅导员是开展大学生思想政治教育的骨干力量,是高等学校学生日常思想政治教育和管理工作的组织者、实施者、指导者。本节主要分析高校辅导员工作的意义和特点。

### 一、高校辅导员工作的意义

　　高校辅导员工作对学生的学习以及能力提升而言意义重大。有的人可能认为辅导员的工作是可有可无的,并不重要,这种想法显然是不对的。辅导员为学生提供各方面的帮助与服务,解决了很多学生日常生活中遇到的问题。下面主要分析高校辅导员工作的意义。

（一）维护学校秩序

辅导员工作的有效开展可以保证高校正常的教学和学习秩序。正常的教学和学习秩序是提高教育质量必不可少的条件,辅导员工作在这方面有着特殊的作用。辅导员可以引导大学生尊重教师,尊重教师的劳动,尊重教师的劳动成果;可以引导大学生自觉地遵守学校的各项规章制度,正确认识民主与集中、民主与法治、自由与纪律的关系;可以引导大学生创造一个既安定团结,又生动活泼的局面,促进教学改革;可以及时发现和正确处理学校中的不安定因素,促进师生间的团结,不断改进教学和其他工作。

（二）促进大学生成才

辅导员工作是培养大学生成才的重要环节。人的发展由遗传、环境、教育（包括自我教育）、实践和管理（包括自我管理）这五大基本要素构成。不少著名的教育家很重视管理活动在人的发展中的地位和作用,这也从一个侧面说明,学校教育、学生培养,作为一种社会的联合活动,如果没有辅导员的管理活动是无法有秩序地进行的。培养有理想、有道德、有文化、有纪律,以及具有开拓和创造精神的大学生,需要教育,也需要管理,需要通过辅导员有意识、有目的、有计划和有组织的工作促使大学生身心全面发展。

**二、高校辅导员工作的特点**

辅导员工作是一项极其复杂而又细致的工作。要使辅导员工作卓有成效,不仅要充分认识辅导员工作的意义和作用,还要把握好辅导员工作的特点,以指导辅导员工作实践。辅导员工作具有以下主要特点。

（一）服务性

高校辅导员工作的本质特点就是服务,为学生服务、为学校的办学目标服务。从高等教育在全国不同行业的作用上看,是为经济基础服务的;从学生工作在全校的工作看,是为教学工作和办学目标服务的;从领导、教师的角度上看,是为学生的学习、生活服务的。辅导员工作要以学生为本、真心诚意地为学生服务。把服务作为高校辅导员工作的本质特点,强调的是辅导员的思想认识、工作法则、精神状态、工作主线、核心和灵魂。[①] 认识到高校辅导员工作的服务特点:首先,有利于辅导员思想认识到位、树立以学生为本的正确观念;使高校辅导员明确为什么人,服从谁、服务谁的问题,这也是做任何工作的根本宗旨和立场。其次,有利于高校辅导员工作到位,充分发挥高校辅导员的保证作用;有利于继承和发扬我党的优良传统、发挥思想政治工作的优势、提高思想政治工作的威信。明确了辅导员工作服务性特点就能把为学生服务作为学校整个学生工作的指导思想,并贯彻落实到辅导员工作实际中去。

（二）实践性

实践性是高校辅导员工作的另一特点。高校辅导员工作是研究人、教育人的工作,辅导员面对的工作对象是具有一定天赋、理智、情感、意志以及各种独特品质的活生生的大学生。学生是有生命的个体,每个个体都有自己生活的客观环境,有自己特有的发展规律,有个体的差异性,要想了解大学生的思想行为状况,形成符合学生实际和学生特点的辅导员工作特色和风格,就得深入到他们的生活中去;要对大学生进行帮助,就必须面向大学生,投入到实践中去;要解决大学生的实际问题,也必须理论联系实际。说到底,高校辅导员工作的成功与否,只有依靠社会实践中客观存在的社会效果来检验。高校的学生管理如果不通过辅导员深入实际、扎扎实实地开展工作,即便有多么好的理论做指导都只能是空谈。

---

① 祝建兵.高校辅导员工作艺术[M].昆明:云南科学技术出版社,2007:45-47.

# 第二节　高校辅导员工作的要求

作为一名学生思想政治辅导员,首先必须具有坚定的政治立场和政治信念,以及优良的政治品质,在思想上、行动上能与党中央保持一致。如果辅导员自己政治分辨能力差,没有明确的是非观念,那么在做学生思想政治工作时就缺乏以身作则的感染力,也就难以做好学生的思想工作。当然,除了上述要求,高校辅导员工作还有其他方面的要求,下面主要对这方面知识展开分析。

## 一、大学生思想道德品质教育

学生道德品质的培养是高校德育工作的重要方面,它关系到学生的修养和素质问题,而辅导员承担着培养大学生良好道德品质的重要任务。进入大学以后,很多学生追求个性、追求自由,为此,有的学生缺乏集体主义精神,忽视了文明礼仪,欠缺社会公德。因此,需要辅导员通过各种途径,包括集体教育、个别谈话、以身作则等方式教育大学生,培养大学生遵纪守法、遵守社会公德、自觉抵制不良倾向的思想道德品质。同时,针对部分大学生不文明礼貌的言行,辅导员需把握时机,采取灵活方式对他们进行思想道德品质教育。

## 二、大学生学习活动指导

进入大学后,大学生的主要任务是学习科学知识,掌握专业技能,成为社会主义事业的建设者和接班人。为此,高校辅导员的思想政治工作需要深入到大学生的专业学习的全过程中。"会学习"是人类生存、生活、创造所必须具备的基本素质。"会学习"是人的各方面素质综合发展的基本条件,是21世纪创新人才的基本素质,也是素质教育的基本任务。辅导员要教育大学生树立正确的学习目标,激发他们的学习动力;培养和激发他们的学习兴趣;教育学生端正学习态度;培养学生的学习意志；指导大学生掌握学习方法。提高学习效率，使大学生在有限的时间内，更快、更好、更轻松地学会更多的知识，是辅导员工作的又一项重要任务。

### 三、班集体组建和管理

班集体是学校工作的基层组织，是教育教学、质量管理的基本组织单位。良好的班集体具有重要的教育功能和社会教化功能。创建良好的班集体能促进学校教育与管理功能的充分发挥，有效满足大学生个体社会化发展的需要，更好地满足大学生个体心理和精神发展的需要，为大学生个性发展提供机会和条件。[①]

### 四、大学生课外活动指导

随着学校教育功能的扩大、学校教育的开放，大学生的课外活动也日益丰富和繁多。这些活动包括日常学习活动、指导团队活动、组织文化体育活动、组织社会实践活动、组织班会活动、组织公益活动、组织课外科技特长兴趣活动、组织参观访问调查活动等。课外活动内容虽然宽泛，却是教育培养学生不可缺少的。因此，指导课外活动成为辅导员又一重要任务。辅导员要认真思考、精心计划、周密组织、切实引导这些活动。课外活动组织的好坏，对学生的健康成长，对学生的心理影响，对班级集体的凝聚力，对学生能否与辅导员教师建立感情都十分重要。"活动"是教育人的最好手段，"活动"也是了解人的最好手段，"活动"还能促进班集体的面貌发生变化，"活动"也是促进学生成长、转化的有力手段，能否指导好课外活动是对辅导员工作能力的一种考验。通常，好的辅导员都是指导课外活动的能手。

### 五、为大学生全面服务

为学生服务是辅导员的职责，也是辅导员的一项重要任务。辅导员的职责就是为学生服务，他们的一切活动都是为学生成长服务，为培养

---

① 张书明.高校辅导员队伍建设[M].济南：泰山出版社，2008：79.

学生服务。离开为学生服务这一工作任务,辅导员的存在价值就会减弱许多。在生活方面,辅导员要关注大学生的冷暖、卫生状况、吃住状况。辅导员如果对学生生活不闻不问,漠不关心,不去为学生解决具体问题和困难,不仅会加大与学生的距离,而且也会造成教育上的困难。学生的身体保健、生活环境的卫生状况,甚至教室的光线、空气的流通等,辅导员也都要给予关注,并积极去创造条件,改变不合适的状况。在学生文化生活方面,辅导员也要为他们服务,使他们的文化生活健康向上,如给学生介绍好书、好文章、好电影等,也是辅导员的工作内容。

# 第三节　高校辅导员工作的任务

如今高等教育已越来越重视素质教育,素质教育强调发展学生全面素质,注重学生创造意识和能力的培养,辅导员只有在自己具备了较高的文化素质的前提下,才有可能去引导学生求知、探索、发展、提高。这就要求辅导员首先要掌握必需的专业知识和技能,如了解教育学、管理学、思想政治工作原理、青年心理学等方面内容;熟悉教育规律,明确价值取向,如确认每一个学生都有自我表达和自我实现的权利,学生在学习和适应上有困难是个人行为发展中的自然现象等。下面就具体分析高校辅导员工作的任务。

## 一、引导大学生全面发展

我国的高等教育是对大学生进行素质教育,素质教育的根本目的是使学生的素质得到全面发展。素质教育是由多方面教育因素构成的系统,德育、智育、体育、美育、劳动教育构成全面发展的教育,也即素质教育。引导大学生全面发展是辅导员工作的基本内容。

（一）把德育放在首位

1. 德育是教育者、受教育者和环境共同起作用的过程

德育过程是由诸多要素构成的，而其中主要是教育者和受教育者及教育环境三个要素，它们是构成德育过程的三个最基本的要素。因此，德育过程的规律，首先是这三个要素之间相互联系、相互作用的规律，或者三要素共同起作用的规律。那么，教育者和受教育者及教育环境三者在德育过程中各自起着怎样的作用以及怎样起作用呢？

（1）德育过程中，教育者处于主导的位置

没有德育过程，当然也就无所谓德育过程的实现及德育的一切，这就是教育者在德育过程中起决定作用的充分体现。

（2）大学生是德育过程中自觉的、积极的、能动的主体

大学生虽然是教育对象，处在被教育的地位，但是这绝不意味着学生在德育过程中只能是完全处于消极被动状态的受教育的客体，准确地说，大学生是德育过程中自觉的、积极的、能动的主体。受教育者这种主体作用发挥得如何，直接关系着德育的质量和效果。提高德育质量，求得较好的德育效果，最终要把社会所需要的道德规范、社会意识和政治原则落实到受教育者身上，使之转化为他们的信念、行为和习惯。不论教育者对受教育者施加教育影响，还是受教育者积极、主动地接受教育者对自己施加的教育影响，都需要经过一定的中间环节或借助于一定的中介手段（即学校，社会，家庭，党团组织，班，宿舍集体，教育内容，教育手段和方法等）。我们把这些需要经过的中间环节或借助的中介手段统称为教育环境。

（3）教育环境在德育过程中发挥重要作用

在一定条件下，家庭对学生的政治思想、道德品质、性格爱好、职业选择乃至生活方式等都有影响，这种影响之大之深甚至有时能够超过社会和学校。因此，我们绝不可小看教育环境在德育过程中的作用。德育过程是教育者和受教育者以及教育环境共同起作用的过程。这里讲的起作用，就教育环境来说，当然是指它们起到好的积极的作用。

2. 德育是以循序渐进的方式促进大学生品德发展的过程

就高等学校来说，德育的目的不在于使学生具有某些道德伦理知

第二章
高校辅导员工作概述

识,而是培养他们具有高尚的品德和完整的人格。所谓人格,体现了人的一切品德的总和。品德的发展也就是大学生在德育过程中认知、情感、信念和行为这四种因素交互作用、相互影响、辩证发展的过程。缺少其中任何一种因素,都难以形成大学生完善的品德和人格。

正是由于大学德育的最终目的是培养完整的人格,所以把它与中小学的德育过程及其目的区别开来。

（1）德育的起步——大学生的认知

众所周知,认知是客观事物及其规律在人的头脑中的主观反映,是形成品德的基础。认知是人们对于是非、善恶、美丑评价的前提。孔子说:"知者不惑""弗学何以行？"知是行的指导,人们要有良好的行为,首先要有正确的认知。认知的来源有两个:实践和间接经验。所以,在德育过程中提高学生的道德认知是很重要的。在青少年中,有的人之所以有这样那样不合乎社会主义道德的行为,往往并不是一开始就有意要这样做的,而是对于社会主义道德、对社会公共生活准则无知或缺乏正确的了解所造成的。

（2）德育的媒介——大学生的情感

情感具有两极性或对立性,表现为肯定或否定的两极对立,如喜悲、爱憎等。情感的作用分积极和消极两个方面。积极的情感,如爱国的情感可以促使人们为祖国而献身。消极的情感则使人消沉、颓废,不仅有害于己,而且于国家也无益。所以,激发大学生积极的情感,克服或消除大学生的消极情感,是学校对学生进行德育的手段之一。

（3）德育的升华——大学生的信念

什么是信念？信念在人的品德形成过程中的作用是怎样的呢？所谓信念,就是人们对一定的人生理想和社会理想的真诚信仰,是人们确信并自觉遵循的思想、观点和行为的准则。信念是认识和情感升华到一定高度以后产生的,是感情化了的认识。信念是一种精神力量,是人生观的基础。具有坚定的信念,是一个人思想、政治、品德、素质趋向成熟的一种标志。大学生的信念与世界观、人生观的形成是一致的,是同一个过程。

大学生处在信念形成的重要阶段。信念是大学生品德发展中一个重要方面。大学德育的目的之一,就是帮助大学生确立坚定和科学的信念。对大学生进行的一切教育,最终都应形成或转化为信念。尽管这种转化是十分艰难而不容易的。从当前来看,大学生应当确立社会主义事

23

业的必胜信念,人类社会必然走向光明的信念。人的信念一经确立,就具有很强的稳定性。有了坚定的信念,也就强化了意志,最后也就有了果敢而又正确的行为实践,这就是信念在德育过程中的重要作用。

(4)德育的成果——大学生的行为

行为是在一定的认识、情感、信念和动机支配下所采取的实际行动。行为和实践是相通的,它所表现的是人对客观事物或外在世界所进行的改造或创造的物质力量。行为是构成人格素质的重要因素,是衡量一个人品质优劣的重要标志。一个人的思想品德如何,主要不是看他的言论是否动听,而是看他的行为是否符合社会的要求。孔子说:"力行近乎仁。"又说:"君子耻其言而过其行。"知与行、理论与实践的统一,是观察人、教育人都要遵循的原则。观察人,要听其言,观其行。不看一时一事的表现,要看各方面和一贯的行为表现。由于大学生对外界各种影响的选择、消化和应用存在不同,从而表现出来的行为也有所不同。有人能言行一致,有人则不能。具体到每个学生思想政治品德的成熟过程,也是一个知与行一致与不一致的矛盾运动过程。道德行为有两种表现:一种道德行为是不稳定的、有条件的;另一种道德行为是无条件的、自动的、带情绪色彩的。前一种是不经常的道德行为,后一种则已形成了行为习惯。真正可以称为道德行为的,应该是道德行为习惯。大学德育的目标,就是引导他们完成从知到行的转化,不断地产生正确行为,并形成良好的行为习惯,进而形成良好的品德。

### 3. 德育是教育与实践紧密联系、相互作用的过程

(1)德育具有教育性

大学生科学的世界观、人生观和道德观不是与生俱来的,必须伴随着系统的、严格的教育过程才能形成。我国社会主义德育过程贯穿着小学、中学、大学的全部学业过程,进入大学学习阶段之后,高等学校有责任按照国家教育主管部门颁布的《中国普通高等学校德育大纲》对大学生实施德育,即主要通过课堂教学、社会实践等各种教育形式,有目的、有计划地对大学生施以系统影响。因此,高校德育中的理论灌输是必要的,我们不能随意否定德育理论教育中的灌输原则。但是,强调灌输原则的重要性,绝不是把德育过程单纯变成学生接受教育者说教的过程。关键在于高校德育工作者如何使理论教育更加生动和鲜活,更加贴近大学生的成长发展的实际需要,教育方式更加新颖,从而使德育理论教育

形成更好的发展空间。

（2）德育具有实践性

德育的实践性体现在德育必须适合社会的客观状况和客观要求,德育必须注重引导学生实际践行社会道德规范。一个人思想品德的形成,不仅表现在他懂得了许多道理,而且表现为他能够把思想品德的认识付诸实践,从而达到"知"和"行"的统一。

有一种观点认为,由于学生阅历浅、比较单纯,其参加实践活动会被某些不良的社会风气所污染,因此应该把学生的实践活动严格限制在德育过程的可控范围内。不可否认,社会上确实存在某些消极影响,但德育过程完全排除这些消极影响是不可能的。我们认为,鼓励并创造条件让学生积极主动地参加社会实践活动,正是高校德育需要重点开发的工作领域。这是因为,实践活动既可以开阔学生的生活视野,丰富学生的知识和经验,又为学生提供了正确的比较、鉴别和选择吸收社会影响的条件。在把握德育规律时,必须认识到,德育过程是受教育者在实践活动中接受教育的过程。我们不仅要注重德育理论的研究,还要注重德育实践的研究。

（3）德育具有社会性

德育过程不是脱离社会影响的、孤立的、封闭的过程,而是对来自社会上的影响不断做出反应的开放过程。改革开放的社会大环境,使得学生从来没有像今天这样多地接触社会、接触世界。可以说,德育过程越来越受到来自社会其他方面的影响,这种影响在学生思想品德形成过程中的作用也越来越大。德育过程是有目的、有计划、有组织的影响过程的一种特殊形式,从这种意义上说,它也属于社会影响,而且是积极的社会影响。

积极的影响有利于学生形成正确的思想品德,有助于学校德育任务的顺利实现;消极的影响则干扰学校德育过程,对自觉的教育起着阻碍或抵消的作用。在这种情况下,学校德育要对社会各种影响做出反应、选择和调节,发挥积极影响,抑制以至消除消极影响,在尽可能的范围内调控影响的社会条件,使学生朝着社会所期望的方向发展。因此,要全面完整地把握德育过程的规律性,必须更新把德育过程封闭起来的传统观念,认真研究德育过程和社会影响的关系,考察制约学校德育效果的宏观环境和微观环境。

（二）关心和指导学生的学习

辅导员指导学生的学习是个很复杂的工作，其内容、方法因年级的不同而有所不同，因专业不同也会有所不同。这里仅就共同的要求谈几点意见。

第一，引导学生树立正确的学习目的和学习态度。学习是人的自觉行为，学习动力来自明确的、正确的学习目的。当前，受社会上急功近利和浮躁情绪的影响，受应试教育的影响，不少学生学习目的不明确，学习态度不端正，学习动力不足。大一学生多有歇口气的思想，大四学生多为就业奔波，没有把主要精力用在学习上。也有的学生只关心分数，满足于成绩及格。鉴于此种情况，辅导员应引导学生明确成才目标，树立高尚理想，认识学习与成才、成才与素质的关系。理想和志向之所以重要，是因为理想是人生的航标，它为人生指明前进方向，坚定前进的信心，是成功的精神动力。辅导员要引导学生做到有理想，并引导学生懂得个人的理想、志向同社会理想、社会需要的关系，克服狭隘的利己主义，引导他们立大志、干大事，具有博大胸怀和开拓精神，学习中华民族"士不可以不弘毅，任重而道远"的襟怀。当代大学生是民族的未来和希望，在他们身上寄托着祖国人民的期望。他们应该承上启下、继往开来，他们应该胸襟大、气度大、有理想、有眼光、有正气，为国家、为社会担负起很重的责任，走好自己的人生之路。在培养学生"弘毅""立志"上下功夫，引导他们做到"高高山顶立，深深海底行"。

第二，激发学生的学习兴趣和求知欲望。学习兴趣和求知欲望虽然不属于智力范畴，但对智力开发具有重要意义。孔子就主张"知之者不如好之者，好之者不如乐之者"。兴趣的力量常常超越理性的力量。人的动机是行为的动力，而动机产生于人的需要。如果学生把探求科学当成自己最大的乐趣，就什么力量也阻挡不住他们求知的步伐。辅导员应该经常在学生中阐明知识的重要、求知的重要，用相关的方法激发学生的学习热情，对学生进行学习成果激励，开展学习竞赛，培养学生比学赶帮的学习风气。

第三，培养学生的自学能力和创新意识。学习的主要任务是学会学习，会学习就是具有获取真理的能力和发展真理的能力。这种能力的形成要求学生做学习的主人，提倡创新性学习；鼓励学生敢于提出问题，具有强烈的"问题意识"，做到学思结合、学用结合、学问结合和学辨结合,对知识做到博学、慎思、明辨和笃行。

第四,教给学生求知的方法和学习技巧。学习过程有规律,也有技巧。掌握学习规律和技巧,可以事半功倍。指导学生的学习方法和技巧包括:指导学生学会运筹时间、学会科学用脑、讲求学习效率、扩大求知的视野,学会依据个性需要选修基础课和交叉学科课程等。

（三）关注学生的身心健康

大学生素质的全面发展,要求他们具有身体健康和心理健康素质。身体健康和心理健康是大学生成长和成才的物质基础。身体健康的标志是:身体发育良好,体质结实,具有较好的运动能力,良好的适应力和免疫力;掌握健康知识,养成健身习惯与良好的生活习惯,远离不良嗜好。心理健康的标志是:智力正常、情绪适度、意志坚强、行为协调、人格健全、自我认知正确、人际关系和谐、适应环境能力强。

学生健康素质的形成和发展需要健康教育。辅导员关注学生的健康,一是要引导学生提高对健康素质重要性的认识,引导学生把身心健康素质的养成作为大学生活的一部分加以重视;二是引导学生积极参加校内的各种健康教育活动,如体育课、体育活动、心理健康教育和心理咨询活动;三是引导学生学习健康知识和养生之道,养成良好的健身习惯和卫生习惯;四是关心身体和心理弱势学生,激励他们战胜身体或心理疾患;五是开展有利于学生身心健康的课外活动,关注学生的休闲生活。实践证明,不仅体育、文娱活动有利于学生的身心健康,其他校园文化建设、社会实践活动等,也是促进学生身心健康的重要途径。要根据学校的条件,结合学生的德育和专业学习,把这些为学生所喜闻乐见的活动开展起来,坚持下去。

**二、负责学生集体建设和管理**

大学生集体在学生的成长中具有重要意义。高校辅导员负责的学生集体大多是学生的年级或班级。大学生集体建设的任务是培养学生骨干,形成集体的目标和正确的舆论。这里所要求的学生管理主要是指学生的生活指导、操行评定。

（一）培养学生骨干队伍

学生骨干是学生的带头人，是学生集体的核心。学生骨干队伍一般由学生党员、学生干部、学生各方面的积极分子组成。学生骨干是辅导员工作的得力助手，是学生集体活动的组织者。这支队伍坚强，学生集体就有了凝聚力和向心力，有凝聚力和向心力的集体是大学生成长的重要条件。

学生骨干作用不是自然形成的，而是辅导员培养的结果。辅导员接受一个年级或班级之后要做的主要工作如下所述。

首先，要按照一定的组织程序组建集体班子，形成年级或班级的领导者。党的建设、共青团的建设是大学生思想政治教育的重要途径，也是辅导员的工作职责。要根据学校党团组织要求，做好党支部、团支部的组建工作。辅导员要通过各方面的工作使学生干部不仅具有行使权力的职能，而且具有集体成员发自内心地信服而自愿服从的威信，并使权力的行使和集体成员的权利义务的履行始终保持协调一致，注重支持他们开展工作，发挥带头作用，形成良好的学生集体。

其次，辅导员应通过各种集体活动的开展，多渠道地培养和了解学生骨干的情况，并注意培养新的积极分子。目前，很多高校的学生干部均实行轮换制，这样有利于使更多的学生得到锻炼。培养和选拔学生干部，不能凭想当然，应该全面考察，通过活动考察，把那些基本素质好、关心和热爱集体、热心集体工作的学生吸收到学生骨干队伍中来，组织在自己的周围来发挥骨干的作用。

最后，辅导员更重要的任务是在工作中正确地发挥学生骨干的作用，在工作中培养他们做领导工作的素质。对选拔出来的积极分子和干部，要交给他们工作，并提出严格具体的要求，鼓励他们自主地开展工作，帮助他们学会总结经验、总结工作，在肯定他们成绩的同时，也要帮助他们认识不足，找到差距，培养他们热心服务精神，引导他们学会工作方法，更好地开展工作。只要辅导员大胆选拔骨干，精心地帮助指导，放手让他们工作，更多的学生骨干、学生干部就会逐步成长起来。这不仅对学生集体有利，也是实现高等教育目的的要求。

（二）负责大学生的操行评定

学生操行评定工作要求客观、准确、公正、具体；评定的内容包括思想政治表现、思想意识情况、道德文明行为、学习目的、学习态度、专业能力水平等；对学生操行评价既有肯定性评价，也有否定性评价。不论是哪种性质的评价，都应该是客观、准确和公平的。真实评价每个学生，是个深入细致的工作，是政策性、教育性很强的工作，要求辅导员深入学生，真实地把握学生的情况，做好调查研究，同时要出于爱心，出于公心，为学生的成长负责。为了做到这些，辅导员要努力提高自己，加强自身的修养，同时要掌握评价学生的科学方法。评价学生的操行要有根据，其主要依据是高等教育的目标和大学生行为规范。以此为据，针对每个学生的情况做出肯定性或否定性评价。为了做到评定的准确和公正，辅导员要详尽地掌握学生平时的表现，对学生的表现要有记录；学生的操行评定应在学生自评、班级评定的基础上进行，这样有助于学生的自我教育，做到评定工作与教育工作的结合；在评价学生时，要抓住重点，把主要东西写进评语，评语要准确、具体，实事求是地反映学生的情况，肯定成绩，指出不足，提出今后努力方向；评语应该是客观地评价，而不是武断地下结论，评价学生应该有鲜明的个性特征，而不是千篇一律的一个面孔。[①]

### 三、协调和整合各方面的教育力量

影响大学生成长的因素有很多，不仅有来自学校的，也有来自社会的和家庭的。学校的教育因素也来自各个方面，这些教育因素和教育力量需要科学地协调和合理地整合，因为只有协调一致的教育力量才能形成合力，才能形成教育影响的正效应。在大学生思想政治教育中，协调、整合各方面教育因素和教育力量的主要是学生辅导员。

（一）协调指导班主任（班导师）工作

在高等学校里，辅导员和班主任（班导师）都是学生思想政治教育的骨干力量。所不同的是，辅导员负责全年级的工作，班主任负责一个班级的工作；辅导员是专职政工干部和德育教师，班主任是任课教师兼做学生工作；在学生年级工作中，辅导员是主要责任者，班主任只对一个班级负责。

---

① 祝建兵.高校辅导员工作艺术 [M].昆明：云南科学技术出版社,2007：108.

　　辅导员对班主任工作的协调和指导表现在很多方面。第一,帮助班主任了解掌握大学生思想政治教育的目的、内容和工作要求,并从整体上了解该学科建设的任务和发展趋势,使班主任有较强的责任意识,增强做好学生工作的自觉性和科学性,掌握思想政治教育的工作方法,提高工作效率;第二,及时通报学生工作的相关信息,如学生的思想动态,学校、院(系)关于学生工作的要求,中央、省、市的有关文件精神,相关院校的工作经验等;第三,贯彻学校、院(系)的班主任工作制度,并使这些制度在本年级的工作中具体化,做好班主任工作监督;第四,总结班主任工作经验,经常召开班主任座谈会、经验交流会,把班主任的工作统一到学校的要求上来;第五,对学生干部、学生骨干的选择,对学生入党、对奖学金的确定,对学生的操行评定,对违纪学生的批评处罚等,都应该认真地听取班主任的意见和建议,征得班主任的同意和支持。

## (二)协调任课教师对学生的教育影响

　　教书育人是大学教师的双重职责,教师是"经师"与"人师"的统一,既要向学生传授科学文化知识,又要在教学中对学生进行思想品德的教育,并以自己良好的思想品德影响学生,为人师表。任课教师对学生的教育和影响应该是自觉的、有目的的行为,是依据教育规律和教育目的的要求进行的。在高等教育中,辅导员是协调任课教师对学生教育和影响的主要责任者。

　　为学生班级任课的教师既有本院(系)的专业教师,也有外院(系)的公共课教师和专业基础课教师。凡在本年级、班级上课的教师,辅导员都应该主动和他们联系,主动向他们介绍学生情况,特别是学生的思想情况和对学习的态度;学生中出现的带有倾向性的问题应与任课教师及时沟通;经常向任课教师了解学生的听课情况,完成作业情况和考试成绩,教育和引导学生努力学好本门课程;学生开展的较大规模的重要的课外活动,如第二课堂活动、体育文娱活动、节假日纪念活动,以及各种报告会、讨论会、讲演会等,多请任课教师参与;请任课教师为学生做课外辅导;要教育学生尊敬任课教师,树立各科教师在学生中的威信,支持任课教师在班级、年级中开展相关学科的教研活动。辅导员与任课教师的相互配合,在思想道德教育中,在学生的知识学习中,有着很大的互补性,是单方面施加教育所做不到的。

# 第四节　高校辅导员工作的原则

在实际工作中,根据辅导员工作的目标和任务,在把握大学生思想活动发展规律和特点的基础上,为了使辅导员工作更加科学化、系统化,辅导员工作必须以下面的基本原则为指导。

## 一、实事求是原则

### (一)实事求是原则的含义

在指导辅导员工作遵循的诸原则中,首要的原则是实事求是。只有坚持实事求是,才能正确处理辅导员工作中的各种关系。在新的历史时期,党和国家的工作重点转移到了以经济建设为中心上来。形势和任务不同了,辅导员工作也具有许多不同于以往的特点,更需要坚持从实际出发,坚持理论与实际相结合,否则便不能适应变化了的新情况。

### (二)坚持实事求是原则应注意的事项

坚持实事求是,首先要求在辅导员工作体系中,把辅导员自身和大学生放在现实社会中进行具体、历史的考察。因为辅导员和大学生都不是脱离历史发展抽象的人,而是现实社会的人。只有放在现实社会中加以考察,才能使辅导员更好地了解自己和大学生,从而才能使自己的工作适应新的情况。从辅导员本人来看,在辅导员工作体系中处于主导地位,是实施教育的主体。随着国际交往的扩大,国内现代化建设和各项事业改革的深入发展,人们的思想观念正在发生前所未有的变化,传统的观念在发生变化,许多新的观念正在不断地形成。适应于新的形势和任务,高校辅导员必须在改造客观世界的同时,加强自己主观世界的改造,加强学习,全面提高自己各方面的素质,提高自己认识世界和改造世界的能力。只有这样才能跟上时代的步伐,发挥自己在教育体系中的主导作用。

其次,就教育对象来说,在新的开放环境中也发生了很大的变化。

这种变化表现在两个方面：一是他们本身的变化，在新的形势下，他们的思维方式和活动方式与过去有很大的不同，思考的问题与需要也不相同；二是对他们的要求也不同了。如从高等学校来说，现在所需要的是面向现代化、面向世界、面向未来的合格人才。辅导员工作应该看到这种变化，并对大学生加以积极引导。

再次，从辅导员和大学生的关系来看，辅导员必须把大学生的思想动向、观点作为自己认识和研究的对象，在认识和了解对象的基础上确定自己的工作方针和方法。毛泽东同志曾指出：按照实际情况决定工作方针，这是一切共产党员所必须牢牢记住的最基本的工作方法。在辅导员工作中，实际这个范畴，不仅是指客观物质世界，而且包括辅导员头脑之外的精神或思想观点等主观形态的东西，即大学生的思想实际。坚持从实际出发，就是在主观和客观相统一的基础上，把握大学生的思想脉络，找出各种思想产生的原因，然后采取不同的方式进行教育，从而达到转变大学生思想的目的。

最后，坚持实事求是，还必须把这个原则贯穿于辅导员工作的全过程和一切方法中。例如，在获取和分析大学生思想信息时，要从事实的总和出发，详细地分析材料，把握矛盾各方的特点，然后在马克思主义一般原理的指导下进行科学的分析研究，而不能从主观愿望出发，或从个别事实、个别事例出发、以偏概全。在实施教育时，要注意检查原来的决策或计划是否符合实际，要根据新的情况及时改变原来的决策或计划；同时，还要把统一性和多样性结合起来，既要抓住带倾向性的思想问题，进行普遍教育，又要针对不同对象的特点，因人制宜，做好个别教育。在检查和判定教育效果时，要以符合现代化建设的需要作为人才培养的标准，实事求是地进行评价，有多大成绩就是多大成绩，既不夸大，也不缩小；同时，还要根据各人的性格和气质特点，根据各人对自己行为的调节方式和表达思想感情的方式，恰如其分地估计对方的进步，而不能只看表面现象。

## 二、平等原则

### （一）平等原则的含义

在辅导员工作中，如何对待自己的教育对象，是采取平等的态度，尊重学生和相信学生，还是高居于学生之上、自以为是、动辄训人，这不单是方法问题,还是对待大学生的根本态度问题。只有态度端正了,才能在教育过程中正确处理好教育者和教育对象之间的关系,采取正确的教育方针和方法。因此,平等的原则是做好辅导员工作的基本前提。

辅导员工作方法以平等的原则为指导,就是要使辅导员工作民主化。所谓民主化,首先,要明确辅导员和大学生之间不是什么上下、尊卑的关系,而是在政治地位上、法律人格上完全平等的关系,因而辅导员只能以平等的态度和大学生交换思想、交换意见,而不能动辄训人,要尊重对方的人格和尊严。其次,是把民主作为大学生进行自我教育的方法。在辅导员工作中,所谓相信群众,就是相信大学生在本质上是要求进步的,相信他们在正确思想的引导下,通过教育能够自己找到正确的答案,逐步提高认识。

(二)坚持平等原则的原因

辅导员工作为什么必须坚持平等的原则呢?这是由我们党的性质和社会制度的性质决定的,也是由辅导员工作的特点和规律决定的。

首先,在党与群众的关系上,我们党不是把人民群众当作自己的工具,而是自觉地认定自己是工人阶级和广大人民群众在特定的历史时期为完成特定的历史任务的一种工具。在个人与群众的关系上,不是把个人凌驾于群众上,而是自觉地把自己置于群众中。群众观点是马克思主义的基本观点。只有树立一切为了群众、依靠群众、对群众负责、向群众学习的群众观点,尊重群众的创造精神,才能贯彻群众路线的工作方法,做到管理者与群众相结合,实现正确的管理。

其次,从社会制度的性质来看,我们的社会是社会主义社会,而社会主义在本质上是民主的。这是因为,社会主义事业是全体人民的事业,只有建设高度的社会主义民主,才能使各项事业的发展符合人民的意志、利益和需要,使人民群众增强主人翁的责任感,充分发挥自己的聪明才智。发挥自己的主动性和积极性,从而保证社会主义建设事业的顺利进行;同时,建设高度的社会主义民主,也是人们在政治生活中的迫切要求。人民群众除了要求有丰富的物质生活和文化生活之外,还要求有高度民主的政治生活,并把建立和完善社会主义政治制度,不断发展社会主义民主作为自己的奋斗目标和任务。在这种情况下,高校辅导员工作当然也应该坚持民主的原则,以平等的态度对待大学生,尊重和保护大学生的民主权利。

最后,辅导员工作本身的特点和规律,也要求坚持平等的原则。辅导员工作的任务之一是转变大学生的思想,提高他们认识世界和改造世界的能力。对于人的思想问题,只能坚持平等原则,采用说服教育、批评和自我批评等民主的方法。因为人们的行动是由思想支配的,而任何一种思想的产生都是有原因的,既有客观的原因,也有主观的原因。只有采用民主讨论的方法,坚持摆事实、讲道理,以理服人,才有利于分析产生这种思想的根源,真正发展正确和先进的东西,克服错误和落后的东西。而且,人的某种思想一旦形成,便具有相对的独立性。当人们还没有认识到自己的错误时,错误是很难纠正的。如果压制民主,强迫命令,采取简单、粗暴、过激的做法,结果必然是事与愿违,压而不服,不仅不能解决对方的思想问题,达不到教育的目的,反而会增加新的矛盾或使本来可以缓和的矛盾进一步转化。

（三）坚持平等原则应该注意的问题

为了把平等原则贯穿于辅导员工作的全部活动中去,辅导员必须以满腔的热忱对待大学生、热爱学生,这是做好辅导员工作的出发点或前提。如果没有这个前提,不是把学生看成社会的主人、实现社会主义现代化的主力军,而是看成难以驯服的消极因素,便不会在思想感情上做到互相交流、真正贯彻平等的原则。此外,在教育过程中,辅导员必须以极大的勇气和求实的精神,同大学生进行平等讨论,互相取长补短、共同学习、共同提高,而不应抱着好为人师的态度,采取"我打你通""我说你服"的办法。特别是当大学生提出不同意见,而这种意见又被证明是正确的时,辅导员更应该有勇气承认自己的不足,虚心接受对方的意见。在对教育效果的评价中,也应采取平等的原则。这里所说的评价是双向的,既包括辅导员在教育后对大学生的评价,也包括大学生对辅导员的评价,即教育效果的反映或反馈。从辅导员来说,当大学生真正有了进步时,应该抱着关心和爱护的态度,既肯定成绩,同时又指出不足,而不能老是持不信任的怀疑态度,即使对方一时不觉悟,也要坚持教育,相信对方迟早是会进步的。对待大学生反馈的信息,无论是肯定的还是否定的,都应抱着有则改之、无则加勉的态度,认真对待。[①]

---

① 张雯欣.高校辅导员工作手册[M].北京:光明日报出版社,2017:46.

### 三、正面激励原则

正面激励的原则就是要善于肯定和调动大学生内在的积极因素,使大学生看到自己进步和前进的方向,从而增强向上的信心和决心。有人把这个原则比喻为激发人的能量的原则,这个比喻是非常生动而贴切的。有了能量便有了前进的动力,便能发热、发光。一个集体或一个人,无论其原来的思想基础怎样,如果经过教育后能激发起干劲和向上的要求,便激活了前进的原动力。古话说"哀莫大于心死",辅导员工作如果不能转变人的思想、催人向上,而是使对方灰心丧气,失去前进的动力,自暴自弃,那就是没有尽职或者是失职。从这个意义上说,正面激励的原则是辅导员工作的立足点或着眼点。正面激励的原则是符合唯物辩证法、符合人们思想发展的规律和特点的。任何集体或个人,无论是先进的还是后进的,其自身都包含积极因素和消极因素、长处和短处、优点和缺点两个矛盾方面,因而在进行辅导员工作时,就有可能从调动内在的积极因素、长处和优点入手,采取正面激励的原则。

### 四、积极引导原则

#### (一)积极引导原则的含义

积极引导原则是实现辅导员工作目的的一个重要原则,它是与消极防范和放任自流相对立的。所谓积极引导,有两层意思。其一是说,无论是正确思想的形成或错误思想的克服都不是自发的,都需要靠积极的引导,大学生需要在辅导员的正确指引下通过自身的思想矛盾运动来完成,舍此而无别的途径;其二是说,正确思想的形成和错误思想的克服都要有一个过程,是循序渐进的。因此,既不能放任自流,也不能操之过急,而必须做艰苦细致的工作。

积极引导的原则是符合思想发展的特点和规律的正确原则。要解决思想问题,就必须对这些众多的因素进行认真的分析,摸清思想的脉络,从而有针对性地进行教育,加以积极引导。只有这样,才能使大学生在思想上分清什么是正确的、什么是错误的,从而才能知道应该坚持什么、反对什么,使自己的认识和思想觉悟得到不断提高,逐步确立正确的政治立场和观点。如果不是这样,而只是消极地提出一些要求,规定人们只能干什么,不能干什么,强制实行容易发生顶牛现象,或使矛盾激化,或者只能治标而不能治本,达不到辅导员工作的目的。

大学生的思想矛盾同一切矛盾一样有其内在的发展规律。在辅导员工作中,只能因势利导,启发大学生提高觉悟,调动内在的积极因素,用自身的积极因素来克服消极因素,做到扶正祛邪,以正压邪,而不能由辅导员包办代替、代替大学生去解决思想矛盾。辅导员的主观愿望只有以对事物自身发展规律的正确认识和运用为基础,才能取得应有的效果;否则,愿望再好也是不可能实现的。

大学生思想的形成和发展是一个过程,因而,在进行辅导员工作时不能要求立竿见影。同时,还要看到,事物是不断发展的,主观和客观的统一不是一劳永逸的,而是具体的、历史的。事物发展了,人们的认识也要跟着发展,否则便会形成主观和客观的分离。因此,辅导员要善于引导,循循善诱,而不能采取简单粗暴的方法。

(二)坚持积极引导原则应注意的问题

为了贯彻积极引导的原则,必须坚持民主,坚持群众路线。坚持民主,首先是要广开言路,一定条件下让大学生畅所欲言,把各种意见和心里话都讲出来,而不要听不得不同意见,一听到不同意见就发火。大学生的思想问题总是要通过各种形式表现出来的,对于思想问题,采取堵塞的办法,看上去很痛快和省劲,其实是无济于事的。广开言路是做好引导工作的前提。只有让大学生把意见充分讲出来,才能知道他们在想什么,才能根据大学生的思想和意见进行教育、管理。

坚持积极引导的原则,让大学生自己教育自己,不是迎合不健康的东西,也不是取消批评,而是辅导员在进行辅导员工作时必须是非分明、观点鲜明,该表扬的就表扬,该批评的就批评。但是,无论是表扬或批评,都必须在坚持原则、坚持真理的前提下,着力于向积极的方面进行引导。特别是在进行批评时,不要把批评变成简单的制止,更不能变成训斥和整人。必要的批评是不可少的,但对大学生要有满腔的热情,有强烈的团结愿望,批评要有理、有据、有方。有理,就是讲道理,以理服人,不要以势压人;有据,就是尊重事实,就是说话要有证据;有方,就是在方法上必须坚持和风细雨,不要简单粗暴。只有实事求是,与人为善,既坚持原则,又讲究方式方法,才能把积极引导的原则和必要的批评有机地统一起来,也才能收到良好的工作效果。

**五、预防为主原则**

(一)预防为主原则的含义

在生产力和科学技术迅速发展的现代社会里,大学生活动的节奏加快,一旦有失误就容易造成落后的被动局面。因此,辅导员工作应力求防止出现上述情况,争取变被动为主动,贯彻以预防为主的原则。也就是说,在辅导员工作中要坚持事前主义,避免事后主义。

(二)坚持预防为主原则的原因

预防为主是必要的。这是因为,大学生在正确认识客观规律的基础上可以对事物发展的趋势做出科学的推测、估计和判断,从而指导自己的行动,特别是在现代科学技术迅速发展的条件下,许多新的学科纷纷建立,如预测学、未来学等,这些学科从深度和广度上加强了对客观规律的认识,因而为进一步提高大学生科学预见的能力提供了基础。大学生的思维活动、心理活动虽然具有自己的特点,同自然界和社会领域里的活动有所不同,然而也是有规律可循的。辅导员把握了这种规律,就能预测教育对象的行为动机,增强工作的预见性。基于这种情况,辅导员开展工作时,须从客观方面和主观方面来分析对方的思想状况,根据大学生的思想状况有意识、有目的地进行教育,启发对方自觉地为实现正确、合理的需要而积极行动,从而把思想工作做在前头。预见性是预防性的基础,只有预见大学生的思想发展趋势,把握大学生的思想活动、心理活动,才能见微知著,及时抓住苗头或动向,因势利导,做到防患于未然,或者防微杜渐,把消极影响降到最低程度。

以预防为主原则是同以表扬为主原则密切联系的。前者是后者的前提,只有做到了以预防为主,才能坚持以表扬为主。所谓以表扬为主,就是通过表彰先进的人和事激发大学生要求进步的自觉性。以表扬为主不是无原则地捧红,而是用事实说话,依据一定的事实。只有当对方确实表现出先进的思想和行为且做出一定的成绩时,表扬才能起到积极的作用。坚持以预防为主,把工作做在前头,就能使对方不断进步,不犯或少犯错误。如果不是这样,而是坚持事后主义,其结果必然是事故多、批评也多,不是以表扬为主,而是以批评为主。以表扬为主不是不要批评,适当的批评甚至处分还是必要的,然而进行批评或处分旨在使对方认识和改正自己的错误,不再犯类似的错误或少犯错误,从而做到从以批评为主转为以表扬为主。如果不能实现这种转化,批评也就没有任何积极作用。以表扬为主是辅导员工作的出发点,也是辅导员工作取得成效的必然结果。为了做到以表扬为主,必须坚持以预防为主。以预防为主是减少批评、防止事端,贯彻以表扬为主原则的有效途径。[①]

以预防为主也是和辅导员工作方法中的平等原则相联系的,在辅导员工作体系中,辅导员是主体,大学生是客体。但是,在社会大环境中,无论是主体还是客体都是社会的主人,他们之间的关系是平等的。辅导员只有坚持以预防为主的原则,把思想工作做在前头,帮助大学生不断提高思想觉悟,积极为经济社会发展做出贡献,才体现出主体的主导作用,也才体现出对大学生的爱护。

**六、实效性原则**

(一)实效性原则的含义

实效性,就是要注意工作的有效性,注意实践的实际效果。这个原则对一切工作都是适用的。在辅导员工作中,实效性就是要注意教育效果,也就是要从大学生的思想、工作和学习等方面综合地考察成果,既要看精神成果,又要看物质成果,在学校里是着重看大学生的全面发展情况,而不能只是看与大学生谈了多少次话,采取了哪些形式,片面追求这些方面的统计数字。在高校,人们常说,教学科研是硬任务,思想政治教育是软任务。因为教学实践容易量化,科学研究能否出成果,一目了然,容易看得出来,而辅导员工作的效果,在短时期内往往是看不出来的,而且在思想和行动上常常出现反复。辅导员工作有自己的特点,对教育效果的检验不能简单化,不能要求马上见效。但是,绝不能说,辅导员工作不需要实效性,或者是对教育效果无法检验。相反,因为大学生的思想认识转变的过程是复杂的、曲折的,所以在辅导员工作中,把讲求实效作为一个指导原则意义更为重大。

---

① 郑晓娜.高校辅导员职业化研究[M].沈阳:辽宁大学出版社,2019:58.

（二）坚持实效性原则应注意的问题

实效性既是辅导员工作的出发点，也是辅导员工作的落脚点。辅导员工作不是为教育而教育、做表面文章，而是要把教育和实践结合起来，切实帮助大学生提高认识，提高思想觉悟，解决实际困难。如果不讲效果，不注意根据实践结果来检验工作成效，只喜欢搞花架子，搞形式主义，这种做法是与实效性原则相违背的。辅导员必须注意教育的实际效果。但是，要做到这一点，就必须在拟订教育计划时贯彻实效性原则。这就是说，要从客观实际出发，对教育计划进行可行性的研究，事先考虑或预测它的实践效果，力求做到主观和客观的统一。只有这样，辅导员工作才能取得实效。

辅导员工作实践中，要注意动机和效果的统一。动机是指大学生的主观愿望或主观意图，效果则是大学生的实践活动所产生的客观结果。大学生的实践活动都是受思想支配的，事先都有一定的目的。这种目的就是大学生预期的效果。预期的效果并不是现实的存在，而是大学生希望取得的效果，是观念形态的东西。要实现或取得预期的效果，把观念形态的东西转化为客观现实，必须通过社会实践。大学生的社会实践旨在实现这种转化。一般说来，只要主观愿望或主观意图符合客观实际情况，按照客观规律办事，就能取得预期的效果。效果既是动机的体现，又是检验动机的标准。从效果的好坏和大小，可以分析主观意图、主观认识是否正确。但是，由于主客观的原因，有时在动机和效果之间也常常出现不一致的情况。因此，不能简单地从效果推断动机，不能依据一两次失误或没有取得预期的效果，就断定动机不正确，也不能只从局部的和眼前的效果而对动机做出断定，而应该全面、历史地进行考察。

当然，只看动机，完全不看效果，也是不对的。如果老是失误，总是不能取得预期的效果，就难以说动机是正确的。总之，要具体问题具体分析，找出不一致的原因，力求达到一致。

在新的历史时期，辅导员工作实效性还不能以取得一般效果为满足，而必须讲高效率，取得最佳效果。辅导员要用这个高标准来要求自己，使自己的工作做得更出色。所谓最佳效果，就是在辅导员工作中采取最佳的方法，以较少的时间和精力取得最理想的效果。讲求高效率，是时代的需要，是现代化建设的需要。为了实现党在新时期的总任务，把我国建设成为富强、民主、文明的社会主义现代化国家,需要加速发展科学文化,提高全民族的科学文化水平,努力推动全社会物质文明、政治文明和精神文明协调发展。在此形势下,辅导员的任务不是减轻了,而是加重了。辅导员工作是发展科学文化的保证,是建设社会主义物质文明和精神文明的保证。只有采取最佳的方法,提高工作效率,以较少的时间和精力取得最佳的效果,辅导员工作才能跟得上时代的步伐,才能适应经济社会发展的需要,有效地带动和促进科学文化事业与两个文明建设的发展。

为使辅导员工作达到高效率,取得最佳效果,必须注意工作的科学性,按照客观规律办事,按照科学办事。光有高效率的要求,而无科学的态度,不从实际出发,这种要求也是难以实现的。辅导员工作必须尊重科学,在辅导员工作的各个环节中都注重以科学理论做指导,采用科学的方法。

# 第三章

## 新时期高校辅导员工作的具体内容

在新时期,高校辅导员工作的内容比较复杂,主要是围绕大学生展开,其中包括大学生日常事务管理、大学生学风建设、大学生心理健康教育、大学生职业规划与就业指导、大学生党团与班级建设等,本章针对这方面内容展开研究与分析。

## 第一节　大学生日常事务管理

学生常规管理主要是指学生纪律管理、日常行为规范管理等。大学的学生常规管理以学生自我管理为主,但辅导员担负着加强学生常规管理和指导学生做好自我管理的重任。学生奖惩是学生管理的重要内容和措施。

### 一、学生日常事务管理的方法

（一）实行协议管理

所谓协议管理,是指依据国家有关法律、法规和相关规定,就学校的权利和义务、学生的权利和义务、家长的权利和义务以及承担的责任等做出具体规定,校方、学生本人、家长共同签订协议书,相关事情按协议书的规定处理。[①] 实行协议管理制度,是依法管理、规范各方行为、明确责任的具体措施,是促进学生自我教育、自我管理、自我服务的重要手段,教育管理效果非常明显。

根据协议管理的思路,在学生管理中,任何管理内容都要明确各方权利、义务、责任、要求和奖惩,并要得到管理各方的认可,在处理相关事宜时依据协议处理。协议管理是大学依法管理的有效手段。

(二)建立学生自我管理组织

为适应高校学生常规管理的需要,可设立学生自我管理委员会,下设若干学生常规管理检查部。学生自我管理委员会的职责如下所述。

(1)在学生工作处的指导下,参与学生常规管理,开展学生思想教育,完成学校安排的各项工作任务,促进学生全面发展,促进良好学风、校风的形成。

(2)协助学生工作处做好各系学生常规管理的监督、检查、考核工作,积极开展自我教育、自我管理、自我服务活动,自觉执行学校各项规章制度,维护学校学习、生活、工作、活动秩序,形成学生良好的行为习惯。

(3)根据学校安排,协助学校做好学生大型活动的组织工作。

(4)及时向有关部门反映学生情况,维护学生权益,协助学校解决学生中的实际问题。

(5)及时向各系通报本系学生的有关情况,协助各系做好学生常规管理工作。

## 二、学生日常事务管理的标准与要求

(一)校园秩序管理规定

(1)出入学校,在校园内要佩戴胸卡或携带学生证等相关证件。未佩戴胸卡或携带相关证件者,应向门卫登记。不准转借、冒用、伪造各种证件。

(2)不私自接受新闻记者的采访。向新闻媒体报道本系信息,须经

---

① 陈立民.高校辅导员理论与实务[M].北京:中国言实出版社,2006:116.

本系领导审查同意,并报学校宣传部门同意;向新闻媒体报道学校信息,须经学校宣传部门审查同意。

（3）不私自邀请校外人员来校参加教育教学活动。邀请校外人员来校参加教育教学活动,须按国家和学校有关规定办理手续。

（4）一般不得在学生宿舍留宿校外人员。遇有特殊情况留宿校外人员,应报请学校保卫部门和公寓管理部门许可,并且进行留宿登记,留宿人离校应注销登记。不得在学生宿舍内留宿异性。不晚归,不封楼后私自外出或彻夜不归。

（5）告示、通知、启事、广告等应张贴在学校指定或者许可的地点。散发宣传品、印刷品应经过学校有关机构审查同意。对于张贴、散发反对我国宪法确立的根本制度、损害国家利益或者侮辱诽谤他人的公开张贴物、宣传品和印刷品的当事者,由司法机关依法追究其法律责任。

（6）不私自在校园设置临时或者永久建筑物以及安装音响、广播、电视设施等。禁止任何组织或者个人擅自使用学校广播、电视设施。禁止学生在校内私自组织放映活动,学生有关组织确需开展类似活动的,必须写出请示,报经有关部门审查同意后进行。在校内举行文化娱乐活动,不得干扰学校的教育教学和学习、生活秩序。

（7）在校内从事集会、讲演等公共活动和讲座、报告等室内活动,组织者必须在72小时前向学校有关机构提出申请,申请中应说明活动的目的、内容、人数、时间、地点、报告人和负责人的姓名,学校许可后方可组织。集会、讲演、讲座、报告等应符合我国的教育方针和相应的法律、法规,不得反对我国宪法确立的根本制度,不得干扰学校的教育教学和学习、生活秩序,不得损害国家财产和其他公民的权利。

（8）严格按照学校的安排进行活动,不得破坏学校教育教学和学习、生活秩序,不得阻止他人根据学校的安排进行教育教学活动和其他活动。

（9）组织社会团体,应按照《社会团体登记管理条例》的规定办理。建立学生社团组织,应按照学校学生社团组织管理条例的规定办理。成立校内非社会团体的组织,应在成立前由其组织者报请学校有关机构批准,未经批准不得成立和开展活动。校内非社会团体的组织和校内报刊必须遵守法律、法规和规章,贯彻我国的教育方针,遵守学校的制度,接受学校的管理,不得进行超出其宗旨的活动。不准擅自以学校及各级组织的名义组织或参与各类活动。不组织同乡会等组织。

（10）禁止无证人员在校园内经商，设在校园内的商业网点必须在指定地点经营。

（11）严禁携带以下刀具进入校园：①管制刀具，如匕首、三棱刀（包括机械加工用的三棱刮刀），带有自锁装置的弹簧刀（跳刀）以及其他相类似的单刃、双刃、三棱尖刀，无弹簧但有自锁装置的单刃、双刃刀和形似匕首但长度超过匕首的单刃、双刃刀等；②其他各类非学习所需刀具，如水果刀、工艺刀具等能够对人身造成伤害的刀具。寄宿制学生使用的水果刀不得带出宿舍生活区。不准私藏棍棒之类的东西。

（12）举止文明，行为规范。不在校园内追逐打闹，不在校园内快速骑自行车（摩托车、电动车）。男女交往不得有不文明行为。

（13）禁止赌博、酗酒、打架斗殴以及其他干扰学校的教育教学、科研和学习、生活秩序的行为。

（14）不准观看、传播、复制、贩卖黄色淫秽书刊、音像制品、信息等，不登录不健康网站，不到歌舞厅、酒店等陪舞、陪酒、陪歌。

（15）不随地吐痰，不乱扔纸屑果皮，不乱倒污物、污水，确保环境卫生。

（16）爱护花草树木和公共财物，损坏公物要赔偿。

（17）校园"十无"要求：墙壁无脚印等污损现象，地上无乱扔杂物和吐痰现象，课桌椅上无乱刻画现象，用电用水无浪费现象，公共场所无吸烟现象，购物用餐无插队现象，校园无打架和酗酒现象，男女交往无不文明现象，公共财物无损坏现象，宿舍就寝无喧哗现象。

（二）学生集会管理规定

（1）与会者要遵守会议纪律，服从管理，举止文明，穿戴整齐。

（2）与会者要坐姿端正，面朝前方，认真听讲，不鼓倒掌。

（3）与会者不带、不看报刊书籍，不打电话，不戴耳机，不交头接耳，不睡觉，不嗑瓜子，不剪指甲，不做与会议无关的各种事。

（4）与会者不迟到，不早退，不随便出入，不旷会。

（三）学生早操管理规定

（1）各系负责本系各班早操的组织、考勤工作。各班学生要按时上早操，在规定地点集合点名后，再在规定场所上操。集合要做到快、静、齐。

（2）无故不得缺勤，请假以辅导员、班主任开具的证明为准。病假须有校医务室证明。

（3）见习生必须有辅导员、班主任开具的证明，并到上操场地集合见习。

（4）上操必须队列整齐，步伐一致，服从指挥。

（5）学校早操检查组对学生早操情况进行检查，及时通报。

（四）学生就餐秩序管理规定

（1）学生按照规定时间到餐厅就餐，购买饭菜按先后顺序排队，并服从餐厅管理人员的管理。

（2）文明就餐。一人一椅，禁止喧哗、起哄、敲击桌椅及餐具。

（3）勤俭节约，购买饭菜要适量，杜绝浪费。剩菜、剩饭要在规定地点倒入垃圾桶，不准将剩菜、剩饭直接倒入洗碗池。

（4）爱护就餐用具，吃完饭后将餐具放在指定位置，不准带出餐厅。

（五）学生证和胸卡管理规定

（1）新生入学复查合格取得学籍后，方可发给学生证和胸卡。

（2）学生在校期间必须佩戴胸卡。学生证中"乘车（火车）区间到达站"是指学生家庭所在地，必须如实填写。因家庭地址变动需要更改学生证者，应出示父母所在单位证明及当地派出所证明。对不如实填写或擅自涂改学生证者，一经发现，给予批评教育，情节严重者，进行严肃处理。

（3）学生每学期报到注册时，由本人持学生证到所在系办公室和学校教务处办理注册手续。未办理注册手续的学生证无效。

（4）学生证、胸卡应妥善保存好，不能污损，不能转借他人使用。如有丢失，应尽力查找；确实无法找回，经本人申请，给予补办。

（5）学生毕业或因转学、退学、被开除学籍、休学等原因离校时，应将学生证、胸卡交回学校，否则不予办理离校手续。

（6）学生证和胸卡由教务处和学生工作处指定专人具体负责，其他人员无权办理。

### 三、学生评优、评奖与违纪处理

（一）学生评优、评奖

1. 优秀学生（三好学生）评选条件

（1）思想品德好。坚持四项基本原则，拥护党的路线、方针、政策，与党中央保持一致；努力学习马克思列宁主义、毛泽东思想、邓小平理论和习近平新时代中国特色社会主义思想；思想进步，作风正派，关心集体，爱护公物，团结同学，尊敬师长，热爱劳动，艰苦奋斗；遵守社会公德，文明礼貌，遵纪守法，操行优秀。

（2）学习好。学习目的明确，态度端正，成绩优秀，无不及格学科。

（3）身体好。积极参加体育锻炼，认真上好"两操一课"，体育成绩优秀，讲究卫生，身心健康。

（4）工作好。热心社会工作，积极参加集体活动；在学生工作中起到了良好的组织和带头作用，群众威信高。

以上各方面以综合素质测评成绩为主要参考指标。

2. 优秀学生干部评选条件

（1）坚持四项基本原则，自觉与党中央保持一致，思想进步，作风正派，遵纪守法，顾全大局，尊敬师长，团结同学，在各项工作中模范带头作用发挥得好，有较高的群众威信，操行优秀。

（2）学习目的明确，态度端正，成绩优良。

（3）热心学生工作，全心全意为同学服务，工作积极，有主动性、创造性，认真负责，公正无私，任劳任怨，具有一定的组织和领导能力，对本职工作完成得好，并有突出成绩。

3. 优秀毕业生评选条件

（1）热爱祖国，拥护中国共产党的领导和社会主义制度，拥护改革开放的方针政策，在政治上、思想上和行动上同党中央保持一致。

（2）遵守国家法律和校纪校规，有良好的思想品德修养，在校期间未受过任何纪律处分。

（3）学习成绩突出，无不及格现象，获得职业资格证书、计算机等级证书和英语等级证书,在历年思想品德评定和综合素质测评中成绩优秀。

（4）尊敬师长,团结同学,热心各种公益活动,积极参加体育锻炼,身心健康,体育达标。

（5）参选省级优秀毕业生,还要有突出的获奖成果或公认的优秀论文、优秀科研成果,在重大活动中为学校争得荣誉或自愿到艰苦、边远地区工作。

### 4. 先进班集体评选条件

思想政治工作好,班风、班纪好,干部带头作用好,专业学习成绩好,文明礼貌好,遵纪守法好,文体活动开展得好,各项工作成绩突出。

### 5. 学生评优、评奖基本要求

院级先进个人的评选,先向全体学生公布评选条件、评选比例和评选办法,然后召开班会等学生会议进行宣传教育,在个人申请、公开每个人的实际情况的基础上,通过班级民主评议、填写登记审批表、系审核公示推荐、学校相关部门审查公示,报校党委或校行政审批,学校行文公布,并召开表彰大会表彰。院级先进集体的评选,参照以上办法执行。院级以上先进个人、先进集体的评选,由学院报院级以上相关部门审批、公布。①

学生获优或获奖,应颁发荣誉证书或奖状,登记审批表存档备案,并作为发展党员、就业推荐等方面的重要依据。

开展学生评优、评奖工作,要坚持原则、标准和程序,坚持民主集中制,坚持公平、公正、公开,把评优、评奖过程当成一种教育过程,达到树立榜样、激励先进、鞭策落后的目的,形成比、学、赶、帮、超的良好局面,促进良好学风、校风的形成和巩固。

（二）学生违纪处理

### 1. 违纪处理的种类和违纪行为

对违纪学生的处理分为口头批评教育、书面通报批评、团纪处分、行

---

① 徐纪尊,杨登山,郑金光.高职辅导员工作理论与实践 [M].东营:中国石油大学出版社,2007:155.

政处分等几种。对于不执行团组织的决议、违反团章的团员,团组织应当本着惩前毖后、治病救人的精神进行批评和帮助,情节严重的,给予纪律处分。处分分为警告、严重警告、撤销团内职务、留团察看、开除团籍五档。

有下列行为之一者,视其情节轻重和认识态度给予行政处分:违反宪法,反对四项基本原则,破坏安定团结,扰乱社会秩序者;破坏民族团结、引起民族纠纷,经教育坚持不改者;扰乱正常的教育教学秩序和公共秩序、破坏学校稳定者;违犯国家法律、法规者;泄露党和国家机密者;盗窃、诈骗、损坏、强行索取公私财物者;赌博者;打架、斗殴者;对教师、职工及其他公务人员有无礼行为者;生活作风越轨者;非法买卖、保存及使用管制刀具者;旷课者;考试违纪、作弊及扰乱考试秩序者;酗酒滋事者;非法经商者;未经学校允许,违反作息规定,夜间晚归或夜不归宿者;利用计算机等技术手段违纪者;剽窃、抄袭他人研究成果者;违纪后认错态度不好者;对检举人、证人进行威胁或打击报复者;有意包庇其他违纪行为者;屡次违纪不改者等。行政处分分为警告、严重警告、记过、留校察看、开除学籍五档。

### 2. 违纪处理的原则

一是坚持以人为本、依法治校的原则。学生违纪处理是一项政策性、原则性很强的工作。要严格依据国家的法律、法规,严格执行教育部《普通高等学校学生管理规定》,并制定具体的实施办法,即学生违纪处理办法和学生申诉处理办法。这两个办法在制定过程中,要广泛征求学校各部门、学生管理工作者及广大学生的意见,还要征求有关法律专业人士的意见,使以上规定既具有政策性,又具有可操作性,具有较强的规范性。

二是坚持深入教育、积极防范的原则。对学生的事前教育比事后处罚更加重要,因此要非常重视对学生进行反复、系统、全面、细致的纪律教育。新生入学时应人手一本学生手册,学校与学生、家长签订管理协议书,组织学生管理制度考试,通过校会、系会、班会加强入学教育;在集中考试前、处分违纪学生时,都应召开学生纪律教育大会;处分公布后,与受处分学生集体谈话或个别谈心,并与家长、学生签订进步协议。这样既强化了处理力度,又强化了宣传力度,能有效地提高处理效果。

三是坚持轻罚初犯、严罚屡犯的原则。对于初次违纪的学生,要多帮助其深刻认识错误、制定改正措施,在此基础上从轻处理;而对于屡教不改、违纪严重、态度恶劣或与社会上不良势力有联系的学生,应从严依纪处理。特别是当学生涉嫌违法犯罪时,应及时报司法机关予以处理。

四是坚持重证轻言、依法依纪的原则。学生违纪处理工作是学校的常规工作,但所涉及的都是受处分学生及受害学生的切身利益,有时一个开除学籍处分,就能够改变学生本人一生的命运,影响学生整个家庭的生活。因此,在违纪处理工作中,要坚持以铁的证据为依据,严格按照国家有关法律、法规和学校纪律来进行。学生发生违纪事件时,应及时介入调查,掌握详细的第一手资料;材料应规范、全面,书面证言材料、照片资料和其他物证及时保全;处理证据应相互印证,无矛盾之处,若证人证言之中有不一致之处,应重新调查,无法统一时不能作为证据使用。学生旷课情况应以原始记录为准,时间、课程、地点、授课教师及考勤人员签字等记录内容应完善无误。对学生的处理较难把握时,应咨询法律方面的专业人员。坚决杜绝"说情风",保证处理工作的严肃性和正确性。

五是坚持程序严密、准确及时的原则。首先,学生发生违纪情况,由值班辅导员或班主任进行现场初步调查,形成第一手资料。对本系违纪学生进行详细调查,在研究后形成书面处理意见,报学校学生工作处,经审查复核后提交学校研究。跨系的学生违纪事件或重大违纪事件,应在做好现场应急处理工作的同时,迅速上报校系领导和学生工作主管部门,学校学生工作处应及时成立调查组参与调查。凡是受到勒令退学、开除学籍处分的学生,在处分决定与本人见面之前,应将违纪事实认定情况向学生本人说明,并听取学生本人申辩,同时通知学生家长到校,由学生工作处、学生所在系、学校保卫等部门人员共同参与学生本人和学生家长谈话,并尽量安排学生当日离校,以防止学生因情绪失控而自残、自杀、报复相关同学和教师、打砸公物等事件的发生。在学生违纪处理过程中,应尽量减少社会上人情关系对事件处理的影响。在被开除学籍的学生离校后,应及时召开一定范围的学生教育大会,对广大学生进行法律、纪律教育。

六是坚持慎对申诉、认真复议的原则。学生对受到的处分进行申诉,是学生的一项基本权利。一方面,若学生对经过调查认定的违纪事实持有异议,则学校应安排对有关情况进行重新调查,弄清事实真相;另一方面,若学生对处分决定持有异议,可以书面提出申诉,学校学生申诉处理委员会应专门召开会议,予以研究。

七是坚持帮教第一、处罚第二的原则。高等教育的主要目的是培养人才,学生违纪处罚的根本目的是教育学生、减少违纪,因此对违纪学生应始终坚持帮助和教育第一、处罚第二的原则。首先,在违纪事件调查过程中,动之以情、晓之以理,做耐心细致的思想工作,通过调查摸清学生的思想动态,有针对性地做好工作,而不能使用高压措施。特别是对有心理障碍的学生,更不能操之过急。学生受处分之后,应采取得力措施帮助学生整改,如通过召开教育大会、个别谈话、请学生家长协助做工作、将违纪学生安排到有班干部和整体素质高的学生宿舍、组织帮教小组帮助其解决学习和生活困难、请心理健康教育专家进行心理辅导、学生定期思想汇报等形式,帮助学生树立改正错误的信心,成为品学兼优的学生。

八是坚持全员参与、综合治理的原则。学生违纪是学校管理和教育工作存在问题的集中反映,是综合因素作用的结果,因此努力创造全员参与的工作格局,采取综合治理的有效措施,才能收到好的效果。第一,切实加强学生管理,规范校园秩序。特别是应落实辅导员进驻学生公寓的规定,加强学生宿舍管理;建立校园报警系统,完善应急处理机制。第二,加强校风和学风建设,创造良好的学生成长环境。第三,加强校园文化建设,搞好学生勤工助学中心、心理健康教育中心、大学生活动中心和校园网站建设,开展丰富多彩的校园文化活动和主题教育活动,用健康向上的活动吸引学生。第四,全方位提高学校的管理、服务和教学水平,实现教书育人、管理育人和服务育人的结合。

### 3. 违纪处理的基本要求

(1)《教育部普通高等学校学生管理规定》强调,"学校对学生的处分,应当做到程序正当、证据充足、依据明确、定性准确、处分恰当","学校给予学生的纪律处分,应当与学生违法、违规、违纪行为的性质和过错的严重程度相适应","学校对学生做出的处分决定书应当包括处分和处分事实、理由及依据,并告知学生可以提出申诉及申诉的期限"。

(2)对学生的违纪处分,一般是针对某一违纪事件的处分。若处分正确,不能解除;若处分不正确,应撤销。

(3)对学生的处分一般一事一议,不是同时发生的事件不累计,但再次违纪的,可在本次违纪应给予处分的基础上视其态度、性质考虑是否加重处分;同时发生的多种违纪事件不相加,但若同时犯有数错,可在数错中最重一级的基础上视其态度、性质考虑是否加重处分。屡次违反学校规定并受到纪律处分且经教育不改的,学校可以给予开除学籍处分。

# 第二节　大学生学风建设

我们常说学校就是一个大熔炉。学校不仅是学习科学文化知识的园地,更是学生塑造自我、全面造就高素质的熔炉。学生在学习、生活中时时刻刻都受学风影响。学风对学生影响之大,即使毕业后,其思想、道德、作风、纪律观念、文化素养等方面也要受到它的感染,身上留着深深的烙印。学风是衡量高校办学水平的一个重要标志,更是一所学校的品牌、形象。

## 一、学风建设的概念与意义

### (一)学风建设的概念

学风建设就是采取有效措施,使学生明确学习目的,激发学生的学习动力,充分调动学生的学习主动性和积极性,帮助学生形成"崇真务实、勤奋进取"的优良学风。加强学风建设的目的就是使学生重新回归学习本身,就是要旗帜鲜明地强调本职学习的重要性,在学风建设问题上树立"学习为中心"的地位。学生活动和学生工作,其目的和宗旨、内容和步骤,都要围绕学生学业的进步、水平的提高来展开。

### (二)学风建设的重要意义

学风建设是学校建设的一项重要任务,具有极其重要的意义。

1. 学风建设是学生学习科学文化知识的需要

学生的天职是学习。毛泽东说："学生要以学为主,兼学别样。"学习是每一个学生的天职,青年上大学的主要目的就是学习科学文化知识。国家投入巨资办大学的一个最主要的目的也是使学生掌握科学文化知识。知识是青年成才的基础,古今中外凡是取得伟大成就的学者、科学家、文学家、艺术家,无一不是具有宽厚扎实知识的人。学生只有掌握丰富的知识,才能有所发明、有所创造,才能成为一个对国家、对人民有用的人,才能实现自身的人生价值。

作为一名大学生,自觉养成良好的学风,无论是对当前的学习,还是对今后的成长,都是至关重要的。当今学生毕业后能否顺利就业,能否在激烈的竞争中占据主动,关键要看是否真正掌握了现代科学知识及是否具有实践能力。

学生在学校主要应获得两方面知识:一是前人留下的书本知识,这是掌握现代科学知识的钥匙;二是实践能力,书本知识可以从课堂教学和图书馆查阅资料中获得,而课堂仍然是当今大学生获得书本知识的主要途径;实践能力的提高可以从实验室教学和大学生科技实践活动中获得。所有这些都离不开良好的教学与实践的环境、学生自主学习的风气。一所学校的教学质量、学习风气和科技实践活动的氛围正是这所学校学风的主要表现。所以,只有加强学风建设,才能很好地完成人类知识的传递,才能实现学生"智育"的发展。

2. 学风建设是提高学生综合素质的必要保证

21 世纪国家的竞争、民族的竞争归根结底是人才的竞争。那么 21 世纪的人才标准是什么呢? 那就看他的思想道德素质和科学文化素质,即是否道德文化双馨、德才兼备。《中国普通高等学校德育大纲》指出:高校培养出的学生的"思想道德和科学文化素质如何,直接关系到 21 世纪中国的面貌,关系到我国社会主义现代化建设事业能否实现,关系到能否坚持党的基本路线一百年不动摇。

1993 年,联合国教科文组织成立了"国际 21 世纪教育委员会",指出教育的四大支柱是:学会认知,学会做事,学会做人,学会共处。其中三项都是做人的范畴,这标志着教育的认识又回到对人的培养上来,通才教育、素质教育的核心在于教育引导青年学会做人。做人包含着学习的两方面要求。首先,具有较高的思想道德水准和人生境界修养;其次,需要有为适应社会发展而必须掌握的科学文化知识,这是属于专业知识、技能范畴的素质。这二者都与学风密切相关,缺一不可。我国高等学校作为人才的摇篮,其根本任务是培养德、智、体等方面全面发展的社会主义事业的建设者和接班人。要完成这一艰巨的任务,加强学风建设,在学生中形成"严谨、求实、勤奋、创新"的优良学风,是必不可少的条件。"严谨"即严密谨慎、严格细致,指求学、办事的风格;"求实"即讲求实际,学习、工作、为人要实事求是,不能弄虚作假;"勤奋"不懈地努力,指学习上专心、刻苦的精神;"创新"即创造新的,在学习方法、学术研究中要勇于创新。创新精神在知识爆炸的信息时代尤显重要。加强学风建设直接影响到学生的科学文化素质和思想道德素质,影响学生的创新能力、实践能力、竞争意识。总之,影响到学校所培养的人才质量。因此,优良的学风是提高学生综合素质的必要保证,加强新时期高校学风建设是一项具有战略意义的人才工程。

## 二、当前学风状况分析

### (一)大学生学风存在的几个问题

#### 1. 学习目的不明确

一些大学生缺乏明确的学习目的,不知为何而学,不知为谁而学。许多学生没有确立远大的奋斗目标,没有为国家、为社会做贡献的崇高理想,甚至连自我人生设计、今后如何实现自己的人生价值都没有想过。他们得过且过,当一天和尚撞一天钟。所以,有的学生上大学就是为了混一张文凭,好找一份环境舒适、报酬丰厚的工作;有的学生是为了应付父母的压力,完成父母"望子成龙"的愿望,不得不在大学混日子、熬年头;还有的学生学习时很茫然,处于"无目的"状态,不知为什么而学和怎样学习,完全机械地应付,以图"过关",在这些学生的心目中60分就"万岁"。①

---

① 史仁民.高校辅导员专业发展论[M].北京:中央编译出版社,2018:189.

## 2.学习态度不端正

有的学生平时不努力,考试时"临时抱佛脚",实在不行便投机取巧,抄袭作弊。考试作弊几乎每年都有,而且手段越来越高,工具越来越先进,从呼机、手机到"枪手"无所不及,已成为大学学风建设的顽疾。

## 3.学习纪律松懈

现在的大学生缺乏吃苦精神,自控能力太差,所以学习纪律松懈。表现为学生违纪现象屡见不鲜,组织纪律松弛,考试作弊现象屡禁不止,严重地影响和破坏了校园学习风气。有的学生旷课、迟到、早退,上课不专心,抄袭作业,甚至在上课时吃零食、睡大觉、看小说杂志、打电话发短信、听音乐等;有的学生在正常的教学时间内逛大街、泡网吧、玩棋牌、谈情说爱。他们想干什么就干什么,处于一种失控状态,缺少约束和自觉性。从对一些学习成绩差的学生调查可以看到,除了本身的基础外,有一个共同的原因就是不去上课,不认真完成作业。还有部分学生认为大学读书是一件苦差事,不如追求轻松浪漫的生活,所以提出"爱情第一,学习第二"。一时间校园里恋爱成风,将大好时光浪费于卿卿我我、花前月下。有的学生还有"读书无用论"的思想,认为学习再好,毕业后工作也难找,既浪费了青春,又浪费了金钱,反正读书没用,不如不学。

## 4.学习风气两极分化明显

同专业、同班的学生中学习差别明显,这一现象普遍存在于各高校中。就一般大学而言,学生基本分为三部分。好的那部分学生具有远大的抱负,学习态度端正,学习成绩优良,连年获得奖学金。中间部分学生虽然学习目的不是很明确,可他们知道为自己的将来、为父母的期望而学,虽然偶尔偷点懒,但关键时刻还是可以下苦功,比如临考试前开"夜车"。后面的 1/3 基本上是迷失的一群,二考、重修是他们的家常便饭,这些人是学校挽救的对象,教育好可以顺利完成学业,甚至还可以加入好的群体,否则将被淘汰。所以,这部分人是学风建设重点关注的对象。①

---

① 徐家林,陶书中.高校辅导员工作新论 [M].北京:中央文献出版社,2008:206.

不同专业学生的学习风气也不尽相同。热门专业、就业形势好的专业,学生学习的热情高,学风状况较好。反之,就业形势不好的专业,学生觉得学得再好,将来也没前途。由于这些学生不能正确认识和对待所学专业,所以学习不安心,成绩不理想,出现厌学现象。

学校之间学习风气的差别明显。名牌大学由于学风建设历史悠久,笃学之风盛行;生源质量高,具有较高的事业追求,学生对学校的认同感强,入校后能安心学习。所以综合优势明显,学生的学习气氛浓郁,好的群体比例高。而一般高校不具备这些优势条件,因此,学风状况不如名牌大学。同一层次的大学由于环境的不同、专业设置的差异、管理水平的高低,学生的学习风气也不尽相同。

总之,大学生中的学风问题普遍表现为,学习动力不足,厌学之风盛行。要解决这些问题,首先就要分析学生厌学的原因。

（二）大学生产生厌学之风的原因

1. 社会方面的原因

社会上的不良风气对学生造成负面影响。随着社会主义市场经济体制的建立,人们的日常经济生活和政治生活都发生了巨大的变化。这些改变也体现在大学生身上,使他们的思想意识、价值观和道德取向悄然发生改变。不可否认,有些新观念对大学生的思想起到积极作用,如知识观念、竞争意识等。但对于市场经济的逐利性,社会上出现的拜金主义和享乐主义,各领域中的某些不正之风及社会道德水平滑坡等丑恶现象,大学生不能有正确的理解,这些都对他们的思想意识产生了消极的影响,造成他们在学习中功利主义倾向严重,只对那些实用的知识感兴趣,忽视基础知识的学习;造成他们诚信道德缺失,以谎话为理由迟到、早退、旷课,抄袭别人的作业和实验数据,考试想方设法作弊;造成他们心理不平衡,学习积极性受挫。

日益严峻的就业形势对学生造成负面影响。近年来随着大学毕业生的增加,他们面临的就业压力越来越大,大学生中流传着这样一句话:"大学毕业就意味着失业。"再加上就业竞争中的机会不平等,使不少学生觉得学习好坏无所谓,不如多认识些人,多交几个"朋友",毕业后好有个照应,于是将精力和财力用在吃喝玩乐,交"朋"会"友"上。另外,一些企事业单位在用人时过分强调动手能力,使学生产生轻书本重实践,轻学术重实用的倾向,于是在学习中失去了方向。

校园周围环境影响学生的学习氛围。高校是圣洁的学术殿堂,应远离世俗,周围应该充满浓郁的书香气。可是,我国几乎所有大学四周都是饭馆、旅馆林立,酒吧、网吧遍地,这为学生不上课、酗酒滋事、泡网吧、玩游戏、谈恋爱提供了场所。

社会、家长对学生的过分袒护影响学风。大学生越来越成为社会关注的对象,学生中的一切问题都引起方方面面的极大重视,这种情况在十几年前是极少见的。社会能够关注学校是好事,但是,由于他们对学校的制度不了解,有时起到反作用。拿考试作弊这一败坏学风的现象来说,上至国家教育部,下到各高校,都下了大力气,制定了严格的管理规定,对严重作弊的学生进行严厉的处罚,目的是树立正气,刹住歪风。可是,学校按规定处理起来阻力很大。社会认为受罚学生是弱势群体,一味地舆论袒护,学生家长更是想方设法找关系、找电台报社,甚至公然销毁学生作弊证据,使学校很难处理违纪学生。这样似乎"挽救"了个别学生,其实不仅害了他,更害了很多其他学生。一个违纪没有得到应有的处罚,就会有一群跟上来,这样大学岂不培养了一批只会投机取巧的学生?学风如何能好转?高校不想处罚任何学生,但为了大多数学生,又不得不处理个别严重违纪的学生,如同社会上为了秩序要抓罪犯一样。

### 2. 学校方面的原因

(1)扭转学风缺乏行之有效的措施。许多高校都认识到学风建设的重要性,但是如何抓,缺乏有效的措施,很多做法都流于形式。要么是"头痛医头、脚痛医脚",课堂纪律不好,领导、辅导员就齐出动、抓纪律;考试纪律差就忙抓作弊;英语四、六级通过率低便强调四、六级的重要性等,没有一个系统的、长期有效的措施。要么停留在喊口号上,缺乏深入实际的工作,天天高喊"学风是学校的根本,要抓学风、促校风",可是一年下来,也只开几个会议,发几个文件了事。

(2)奖惩制度不健全影响良好学风的建立。虽然许多学校都有对缺课、旷课学生的纪律处罚措施,但不利于操作,落实难。一旦对违纪学生处理不及时、不严格,则滋长了学生的不良风气。另外,学校的管理规定中,过分强调惩罚,翻开每个学校的学生手册,都详细制定了对学生违纪行为的处罚措施,而对学习态度端正、学习成绩优良的个人和集体的奖励制度却很少,缺乏有效的激励机制。

(3)学校各部门间缺少协调配合,特别是教学主管部门和学生管理部门。通常是教学部门只抓教材和教师的备课、上课;学生管理部门抓学校的安全与稳定、大型活动、学生的奖励与处分等。这样,教师不知学生课外在想什么、做什么,讲课的效果如何;学生工作者不了解学生的出勤情况、课堂纪律。由于双方缺乏沟通,既影响教师的教学效果,又为学生逃课提供了方便。

(4)学生辅导员的精力、能力、素质影响学风建设。按规定,高校辅导员与学生的比例应该按 1∶200 配备,但实际辅导员的数量却不够。目前,由于种种原因,许多学校都达不到这一比例,有些辅导员一个人要带 300 个学生,很难进行有效的管理。

辅导员对学风建设工作精力投入不够。他们整天忙于事务性工作,缺少对学生深入细致的思想教育及学习目标的培养,无法准确掌握学生学习情况的第一手资料,不能有针对性地解决学生在学习方面的问题。

辅导员的能力和工作经验不足。现在各高校的辅导员大多是由应届毕业的本科生和研究生选聘的,工作时间长的一般也只有三四年。二十多岁的青年,人生阅历还不丰富,还很难对学生的成才进行全面的引导。因此,他们从学生到教师的角色转换需要一个过程,工作能力和经验的提高也需要时间。

有些辅导员的素质有待提高。总的来说,各高校选聘的辅导员都是同龄人中的佼佼者,综合素质都较高。但是,他们也生活在当今社会的大环境中,一样会受到不良风气的影响。我们不得不承认,有个别人素质不高,身上沾染了一些社会恶习,在学生入党、评奖评优、纪律处分等问题上进行权钱交易,在学生中影响极坏,严重挫伤了学生学习积极性。

(5)教师的师德、教学水平影响学风。授课教师缺乏责任心,只教书不育人。不少教师不注重课堂的组织和学生是否接受,仍然按照过去的模式,只求课程的进度,以完成教学任务为"天职"。有的教师授课方法陈旧,照本宣科,不与学生交流沟通,只管自己上课,不管学生反应,很少顾及学生是否学懂弄通,教与学没有得到有机的统一。有的教师教学内容陈旧,课堂是学生学习、获取知识的主阵地,但是教案几十年不变或更新速度太慢,无法激起学生的求知欲。另外,在教材的选择上存在较大的盲目性,有的教材知识落后,跟不上形势和科技的发展;有的教材根本不适合专业学习,没用;有的是学校设置了课程却没有提供教材。很多辅导员在学生中进行学风状况调查时发现,学生反映比较大的都是授课环节。因此,课堂教学缺乏吸引力,不能充分调动学生学习兴趣,是学生"厌学"的重要原因之一。

### 3. 学生自身方面的原因

影响大学生学习风气的因素虽然有社会的和学校的,但那些都是外因。外因虽重要,但必须通过内因才能起作用。那么,什么是内因呢?内因就是学生自身方面的因素,这才是起决定作用的。当今大学生身上存在着积极的东西,比如思想活跃、容易接受新事物、有强烈的竞争意识和创新精神等,但他们身上也有许多消极的因素,比如缺乏吃苦耐劳精神、个人功利思想、虚荣心理、好高骛远等,这些消极因素是学风不佳的根本原因。

(1)没有奋斗目标。不少学生在上大学之前,家长和教师给他们灌输的唯一的奋斗目标很明确,那就是考大学。为了实现这一目标,他们可以起早贪黑,"头悬梁、锥刺股"。经过十几年的奋斗,千辛万苦考上大学以后,原来的目标实现了,而新的目标还没有确立,所以普遍出现思想茫然,学习没有了动力,觉得可以松口气,好好享受一下"美好生活"的现象。于是出现了许多问题,比如不能正确处理学习与恋爱、学习与娱乐、学习与休息的关系,沉溺于谈情说爱、跳舞打牌、玩电子游戏、看武侠小说;个别学生酗酒、打架,更有少数学生沉溺于网吧,把学习抛于脑后。他们没有认识到进入大学只是人生转折的一个关键点,而绝不是终点,这只是人生的"万里长征"走完了第一步。

(2)不能尽快适应新环境。现在的大学生绝大多数是独生子女,在父母、爷爷、奶奶、姥爷、姥姥和七姑八姨的精心呵护下长大,从小娇生惯养,可谓"衣来伸手、饭来张口",从未吃过苦,所以生活自理能力和心理自制能力较差。在上大学之前,为了增加他们的学习动力,家长和教师将大学生活描绘得十分美好,到处充满着诗情画意。进入大学才知道,大学的学习并不是想象的那样轻松。大学的学习方法和学习环境与中学也有较大的差异。大学教学的进度快、知识容量大,自己支配的时间多,学习靠自觉,不像以前有教师、家长天天在身边督促。面对这样的环境,有些学生不适应,不能从放松的心理状态下及时紧张起来,不能从旧的学习方式中摆脱出来。大学中又存在着竞争压力、人际压力甚至经济压力，这些都是学生们以前没有遇到过的。一下子要应对那么多新问题，使得他们心理负荷过重，遇到挫折时容易自暴自弃。种种情绪波动则使大学生的学习态度变化不定，学习成绩飘忽不定，学习风气亦随之大打折扣。

（3）理想与现实的矛盾。这种矛盾主要表现为三个方面：一是没能考入理想的学校或理想的专业；二是梦想中的大学与现实差距较大；三是在社会上大学生的头衔与实际地位反差大。许多高校每年都会遇到这样的学生：高中时学习成绩很好，但高考分数不高，未能进入理想中的大学，无奈选择了现在的学校，觉得前途暗淡，失去了学习信心；许多学生由于专业选择上的限制，往往学非所愿、学非所长，学习动力严重不足。许多学生梦想中的大学应该是环境优美、设备先进、教师水平高，可上大学后，感到差距很大，处处都不如意。北京市曾经组织专家对60所在京高校课堂教学进行调查，专家和学生反映最不满意的就是教学方法、教学手段落后，挫伤了学生学习的积极性。现在的大学生还不能摆正自己的社会地位，还存在着"精英教育"年代大学生是"天之骄子"的优越感。大学生在背后耀眼的光环被四处求职的尴尬所代替，社会优越感受到挑战时，普遍存在受挫心理，导致学风日下。

（4）部分学生学习基础差，跟不上。自从高校大规模扩招以后，各大学几乎都面临学生学习基础差、入学成绩低的问题。甚至有人认为，名牌大学招收的部分学生是以前一般大学的水平，而部分一般大学招收的学生仅相当于过去专科生的水平。学生质量在下降，可大多数学校的课程设置、授课方式、考试难度都没有变化。这种情况使得基础差的那部分学生就会听不懂所学课程，缺乏学习兴趣，因而"厌学"。

总之，现在高校学生的学风状况存在许多问题，主要表现为学生"厌学"情绪严重。造成这种状况的原因有很多，但主要在于学生本身，在于他们的思想、心理、品格等。因此，我们在研究和进行学风建设时，必须从学生入手，重点解决他们的思想、心理问题。

### 三、学生学风建设机制创新分析

大部分高校在抓学风建设这个问题上，对学生工作过分强调抓纪律、严管理。各学校对于违纪学生处分的规定很多、很细，而从正面引导、奖励的办法却寥寥无几，基本是"三好学生""先进班级"等几种荣誉。严格管理并没有错，但身边都是"反面教材"，缺少学习榜样，大多数学生会觉得"我现在可以了，比他们强多了"，从而导致上进心不足，得过且过。我们应该加强"鼓励"教育，拿"放大镜"去看学生身上的优点，多鼓励、多表扬，这样教育者与被教育者才能求得相互的认同，教育才能被接受，否则必定产生逆反心理，两者出现对立，这是教育的失败。

学校通过制定和实施"创建优良学风评选奖励办法"、"学生奖励办法"和"班级建设暂行规定"等创新方法，搭建学风建设平台，营造一个"比学习、争先进"的良好氛围，从而推动学校的学风建设。

学风建设是高等学校工作的重要内容。学风建设工作主要体现在"教"与"学"两个方面。充分调动学生对学习的积极性和主动性，是解决"学"的关键。学校试图通过以强化班级建设为基础、创新管理制度为手段，建立大学生学风建设的新机制。该机制是以学生为中心，以班级建设为重点的学风建设工作体系。该体系以班级建设为组织保证，以各种激励办法和强化管理为制度保证，搭建若干活动平台作为各种教育活动的载体，解决长期困扰高校学风建设"抓什么""如何抓"的问题。抓什么？抓班级建设。如何抓？抓目标，抓组织与制度、抓过程、抓先进典型的树立。

（一）搭建学风建设活动平台

各高校都开展了各种形式的学风建设活动，但是这些活动大多缺乏长期性、连贯性、科学性和系统性，头痛医头、脚痛医脚，没有长期计划和目标，没有深入和递进。搭建若干个长期的、相对固定的活动平台，为全面开展班级建设提供活动载体，这是学风建设新机制的重要内容。为此，可搭建三个大型平台，那就是在全校范围内大力开展创建先进班集体活动、21世纪大学生文明修身工程活动、创建优良学风班活动。这三个平台的设计有层次、有侧重。先进班级与文明修身先进集体标准相对低，优良学风班标准高；先进班级侧重基础建设，文明修身先进集体侧重思想道德建设，而优良学风班不仅两者兼而有之，而且学习成绩要求很高。

1.创建先进班集体活动

在全面实施《学生班级建设规定》的基础上,开展创建校、院先进班集体活动。这项活动中合格班级(基本符合班级建设规定)建设是基础,是最起码的要求,先进班级(完全符合班级建设规定)建设是目标。在较短的时间内使所有的班级达到合格班级的条件,在此基础上逐步建设出大批先进班级。

2.开展 21 世纪大学生文明修身工程活动

文明修身工程是强大学生学风建设的重要措施之一。制定文明修身工程实施方案,号召班级和个人投身文明修身工程活动,争创文明修身先进集体和先进个人。例如,在大学四个年级分别设定专题进行相对固定的文明修身工程活动。一年级进行"基础文明教育",二年级进行"诚实守信教育",三年级进行"团结协作教育",四年级进行"理想信念教育"。这样,每一个学生在大学四年的时间里就会经历四个专题的教育活动,从而达到提高修养、完善自我的目的。

3.创建优良学风班活动

在学风建设的机制中,班级建设的最终目的就是建设优良学风班。制定创建优良学风评选奖励办法,高标准、严要求,将班级打造成学习风气浓厚、学习成绩优良、文明守纪、诚实守信的坚强战斗集体;高荣誉、重奖励,调动学生积极性,全员参加优良学风班的创建。通过长期的创建活动,如果学校的所有班级都能达到优良学风班的标准,那么就真正解决了学生"学"的问题,学风实现了根本的好转。

4.新机制对这三项活动的全程控制

各班级学年初要提出参加创建活动申请,制定目标、创建计划和措施;建设过程中启动过程控制体系进行监控,各组织机构行使职责,随时掌握活动的进展状况,及时解决发现的各种问题,学年末启动评估奖励程序,按照班级建设评估体系、文明修身工程活动方案和创建优良学风评选奖励办法对各班级进行评估打分,按照学生奖励办法对成绩突出的班级和个人进行表彰奖励。各级组织机构总结经验,修订目标,制订下年度计划,开始新一轮循环。

（二）辅导员、班导师在班级建设中的作用

班级实行辅导员和班导师负责制。辅导员和班导师全面负责学生班级工作，是学生班集体的教育者、组织者和指导者，在班级建设中处于核心地位。辅导员和班导师在班级建设中的作用相同，但工作的重点不同。

教育部2006年颁发的《普通高等学校辅导员队伍建设规定》中认为，辅导员的主要工作职责为：辅导员要"以班级为基础，以学生为主体，发挥班集体在思想政治教育中的组织力量，搞好班级的班风、学风建设，带领学生积极参加优良学风创建活动"。因此，辅导员应该是学生思想、品德的教育者，班级的管理者，班级建设计划的制订者，班委会、团支部工作的指导者，班干部、入党积极分子的培养者，班级开展各项健康有益活动的组织者，学校各项规章制度的落实者。

班导师除了要一定程度地发挥上述作用外，重点是学生学习和成长的指导者。班导师的主要作用应该是帮助学生端正学习态度，明确学习目的，制订学习计划，改进学习方法，提高学习效率；指导学生开展科技创新活动，培养学生独立思考和创新能力；指导学生制订、调整成长计划，做好职业生涯规划。

总之，辅导员和班导师都是班级建设的第一责任人，是学生的人生导师和健康成长的知心朋友。

# 第三节　大学生心理健康教育工作

大学生处于青年中期，正处于迅速走向成熟而又未真正完全成熟的发展阶段。他们的心理既具有青年期青年一般心理年龄特征，又有处于青年中期的大学生这个特殊群体青年的特殊心理年龄特征。对大学生心理健康教育给予足够的重视，是当前高校辅导员工作的一项重要内容。

## 一、大学生与心理健康

### (一)大学生的心理特征及发展动力

大学生的心理年龄特征主要表现在如下几点。

第一,生理发育成熟已达高峰。从大学生生理发育来看,身体的各器官机能已日臻成熟,肺活量、脑重量,脑细胞的分化机能,高级神经活动的第一信号系统、第二信号系统的功能,性机能等已达到成人水平,身体的成熟已接近完成,生理发展已达人生的高峰值。

第二,智能发展已达高峰。大学生的智能发展接近或达到一个"顶点"的时期,以抽象逻辑思维为核心的各种认识能力已相当发达,有的正处在巅峰状态。思维方式已完成了由经验型向理论型转化,抽象逻辑思维的形成标志着青年大学生智能发展已经成熟。

第三,情感迅速发展。大学生新的需要不断增加,某些强烈的需要,容易激起强烈的情感反应,内容也会更加丰富。

第四,富有理想,兴趣广泛,人生观基本形成。

#### 1.心理发展的根本动力

任何事物的发展都有其动力和条件。唯物辩证法认为,矛盾存在于一切事物的发展过程中,事物发展的根本原因,不是在事物的外部,而是在事物的内部,在于事物内部的矛盾性。外因是变化的条件,内因是变化的根据,外因通过内因而起作用。大学生心理的发展也是如此,它有自身发展的动力,这个动力就是它自身的内部矛盾。什么是内部矛盾?人们目前尚没有一致的看法。一般认为,人在活动中不断出现的新的需要和原有的心理发展水平之间的矛盾是心理发展的内部矛盾,这种内部矛盾就是心理发展的根本动力。对大学生而言,他们在积极参与各种活动中,由于学校、教师、家长和社会等外界环境总是要向他们不断提出各种各样的要求,并由此引起他们内心的各种新的需要。而这种新需要与他们原有的心理水平之间的矛盾,便构成其内部矛盾,这一矛盾在一定的环境和教育条件作用下变化发展,也就推动着大学生心理的不断向前发展。

2. 需要与心理发展

大学生新的需要是他们心理发展的内部矛盾中比较活跃的因素。当今而言,大学生的需要种类很多。从需要的起因来说,有生物性的需要,也有社会性的需要;从需要的对象来分,有物质需要,也有精神需要。他们的各种需要具有共同的特点。

(1)对象性。指需要总是对一定事物的追求,有其指向的客体。

(2)紧张性。指追求新需要的过程中,常常具有紧张的体验。

(3)驱动性。指新需要一旦出现,就会成为一种支配行为的驱力,成为寻求满足的力量,推动人去从事某种活动。

(4)起伏性。指需要的强弱因各种原因而发生变化,不会始终保持同样的强度。

由于需要的这些特性,它在构成人的心理发展的内部矛盾中,总代表着新的、比较活跃的一方。新的需要可能是健康的,也可能是不健康的;新的需要的水平可以有高有低。人为了满足新需要就要去从事一定的活动,而完成这种活动要求有比原先更高的心理水平的时候,这种心理水平就会同原有的心理水平之间产生矛盾。为了满足新需要的实现,就必须使原有的心理达到高一级的水平,从而促使新的心理品质和特点的产生。可见,人们在活动中不仅会不断出现新的需要,而且也会不断地去解决它同原有的心理水平的矛盾。大学生的心理就是在这种不断解决新的需要与原有的心理发展水平的内部矛盾运动中发展的。这种内部矛盾运动就是心理发展的动力。

然而,新需要与原有心理水平是互相依存又相互对立的,也就构成了一对矛盾,这种内部矛盾经过矛盾运动,其结果可能出现两种情况:一是在新需要的促动下,原有心理水平得以提高,达到新需要的水平的要求,促成二者的暂时统一,促使心理水平前进了一步,提高了水平;二是新的需要产生动摇,被原有的心理水平否定,心理水平仍保持在原有状态,二者仍处于暂时的统一状态。在一定的情境下新的矛盾又会产生,出现新的矛盾运动。

(二)大学生心理健康的现状

青年时代,是人一生的黄金时代,是长身体、长知识、长见识,各方面日趋成熟的时期。处在此时的当代大学生,其生理、心理的变化既快又显著,表现出许多突出的特点。总体上来说,多数大学生的心理是健康的,他们思想活跃,精力充沛,朝气蓬勃,求知欲强,渴望成才,对未来充满信心,充分体现了时代的特征。他们善于独立思考,学习效率高,有较健全的意志,自我意识也有新的发展,认识水平和认识能力逐步提高,情绪体验丰富且较稳定,并拥有良好的人际关系,对生活充满理想,进取心强烈,表现出饱满的青春活力,体现出人格的完整和统一。他们的世界观、人生观逐步形成,对社会、对人生、对生活、对学习都有比较客观的认识,自我调控能力也有提高,能较好地适应社会生活。①

## 二、大学生心理健康教育

21世纪以来,大学生心理健康教育越来越受到国家、社会和高校的普遍重视。立足于大学生心理健康教育的研究与实践,高校及教师需要加快对大学生心理健康教育有效模式的探索与构建,切实提高大学生心理健康教育教学的有效性。

### (一)大学生心理教育的内涵

心理教育,是运用心理学和教育学的知识,培养学生良好的心理素质,提高学生的心理适应能力,增进学生的心理健康而实施的一种教育。诸如改进学生的读书习惯、开发学生的智力、意志品质的培养、良好性格的塑造等都属于心理教育的范畴。从狭义方面来说,大学生心理教育即通过教育引导,使大学生能自我解决心理问题,提高心理素质,促进心理健康。大学生心理教育既有自然科学性质,也有社会科学性质。它是心理学、教育学和青年学相结合的一门学科,是一门交叉学科。

大学生心理教育与教育心理学、医学心理学、社会心理学、青年心理学都有密切的联系。教育心理学研究受教育者掌握知识、技能与形成道德品质的心理规律,因此其研究成果对于大学生的智力开发、品质培养及自我教育、自我控制都有着重要意义。医学心理学研究心理因素在疾病的发生、诊断、治疗与预防中的作用,这方面的研究成果对于大学生

① 路丙辉.高校辅导员工作实战方略[M].芜湖:安徽师范大学出版社,2018:59.

防治心理疾病,提高大学生的心理健康水平有积极的作用。社会心理学研究社会领域的各种心理现象与心理规律,其研究成果对培养大学生良好的心理品质、提高人际关系的心理适应水平也有积极意义。

青年心理学研究青年心理的发展规律,其成果为探讨大学生心理发展规律、培养大学生良好心理品质提供了理论基础。

(二)大学生心理教育的特点

**1. 实践性**

大学生心理教育具有明显的实践性。理论联系实际的原则对大学生心理教育有特别重要的意义。心理教育单纯依靠言语教育,常常难以改变学生的心理行为,因此必须结合心理训练等实践教学活动进行,必需有一整套实践教学内容、要求、目标、步骤。

**2. 针对性**

心理教育强调,必须按照学生不同的心理特点进行针对性教育。因此,必须首先对学生进行详细的心理调查,找出群体和个体的实际心理问题,做出分析评判。随后开展心理教育,增进心理健康水平,及时疏导与改变不良的心理状态,预防心理问题的出现,矫正与治疗心理不健康或心理变态者。

**3. 自觉性**

心理教育成功的条件之一是学生接受心理教育的自觉性。学校心理教育工作者要通过多种教育教学形式,帮助大学生正确认识自己、认识社会,提高他们的自我认识、自我教育、自我控制能力,发展大学生的心理机能,开发其内在潜力,促进心理健康的发展。

**4. 综合性**

心理教育是基于心理学、教育学、社会学、行为科学、精神医学等科学基础上的综合性教育,因此是一项系统工程性质的特殊教育。另外,大学生的心理发展也是多因素的综合效应。它受外部的客观条件,如时代特点、生产力发展水平、社会政治制度、教育制度、科学水平和民情风俗等的制约;同时又与个人的内部主观因素,如心理倾向性、心理特征、身体素质以及实践活动的深度和广度密切联系。因此,我们在实施教育训练时必须有综合观点。

（三）大学生心理健康教育的意义

随着社会不断发展和进步,世界各国都十分重视对大学生的心理健康教育和心理咨询,这是因为大学生心理健康教育和心理咨询对人的行为和生活方式的影响,对人类健康的作用越来越得到世界各国教育界的认可和社会的认可。在大学生中开展心理健康教育和心理咨询对实现我国社会主义教育方针、培养德智体全面发展、树立大学生健康意识和提高心理素质有着十分重要的现实意义和深远的历史意义。

1. 心理健康教育的现实意义

从大学生心理特点看心理健康教育的必要性。心理学的研究表明,人在不同年龄阶段有着不同的心理特征。大学生正处在人生中的四大高峰期,即生理变化高峰,身体发育成熟并已定型;智力高峰,一生中平均智力达到最高水平;需求高峰,包括事业、理想爱情和衣食住行等社会需要;创造高峰,少保守,倾向变革,追求新事物,富有创造性。这些特征使大学生的自我意识、自我评价、自我控制、自我教育不断强化,说明大学生已经对自己的思想行为和生活方式具有能动的调节作用。通过心理健康教育把这种能动的调节作用引导到正确轨道上显然十分必要。教育学的研究表明,大学生的大脑发育已经完全成熟,大学是学习、掌握科学文化知识的最佳时期。开展心理健康教育可以帮助大学生学会科学用脑,使他们的潜能得到充分发挥,使他们的观察能力、记忆能力、思维能力、想象创造能力和实际操作能力等智力五要素得到协调发展,从而提高学习效率。人才学的研究还表明,心理素质是人才结构的重要组成部分,是人取得各项学业成功的基本素质和内在动力源。开展心理健康教育有助于提高大学生的社会适应能力和应付各种困难挫折的能力,满足社会主义市场经济对人才心理素质的要求。

从当代大学生的心理健康状况看心理健康教育的紧迫性。改革开放以来,我国的国民经济有了飞速发展,人民生活水平有了较大提高,大学生的身体健康状况也有了好转。在调查中发现,许多大学生对生理卫生、心理卫生的常识十分贫乏,对生理上和心理上的正常变化缺乏科学的认识,这严重地影响了学习效率和生活规律。还有的大学生遇到困难和挫折时,自我保健意识差,不能适时地实施自我保护、调节和控制自己的情绪。更有少数学生陷入宿命论,相信算命、看风水、看手相等迷信方法。这些现象也急需通过心理健康教育和心理咨询加以引导。高校招生分配制度的改革,使大学生的心理受到强烈的冲击和挑战;日益激烈的社会竞争下形成的人才市场和就业市场,容易使大学生的就业心理压力加大,产生浮躁、自卑、彷徨等倾向,这些都说明心理健康教育和心理咨询势在必行而且十分紧迫。

### 2. 心理健康教育深远的战略意义

大学生是我国社会主义现代化事业的建设者和接班人,是建设社会主义的栋梁之材。如何培养和教育大学生树立起民族的自强、自尊、自信的爱国主义精神,如何培养大学生勤奋学习、刻苦钻研、勇于创新的治学精神,如何指导大学生在伦理道德观念、知识结构、能力、人际关系、心理素质等方面适应社会主义市场经济的要求,如何使大学生正确处理家庭、社会、个人之间出现的矛盾、困难、挫折等,都是教育界和德育工作者需要共同研究和解决的新课题。开展心理健康教育在解决这些课题方面具有深远的战略意义。

第一,开展心理健康教育有助于高素质人才的培养。各高等学校认真贯彻党的教育方针,重视大学生德智体诸方面的发展,大学生的全面素质总体上比过去有了提高。但是在我国,许多大学生缺乏必要的心理健康知识,对各种激烈环境和复杂的人际关系的适应能力,存在着不少心理健康问题,心理疾病发生率有逐年增长的趋势,这引起教育界和德育工作者高度重视。目前的大学生,无论是思想观念上,还是生活方式和行为上,都出现了和他们所承担的光荣使命不相适应的状况,需要通过心理健康教育和心理咨询,帮助大学生树立起全面增进健康的意识,不仅懂得增进体魄的健康,而且要增加心理健康的知识,养成良好的生活习惯,纠正不健康的行为,提高适应社会的能力,促进大学生德智体诸方面健康发展,成为"有理想、有道德、有文化、有纪律"的社会主义事业的建设者和接班人。

第二,开展心理健康教育有助于提高教育质量,有助于改进和加强高等学校的德育工作。我国高等教育的教育方针和教育的根本任务,是按照社会主义经济、政治发展的需要,把大学生培养成德、智、体全面发展的社会主义事业的建设者和接班人。因此,教育的指导思想、教育的内容都要与之相适应,否则,教育质量的提高就缺乏思想基础。教育质量的优劣与大学生的思想问题有密切关系,而思想问题同心理问题又是相互影响、相互联系的。心理不健康的学生,一般都存在严重的思想问题,影响着专心致志的学习,学习效率不高,学习成绩不佳。如果这样的学生比例上升,整个学校的教育质量就会明显下降。过去,德育工作仅仅重视思想领域中的问题,没有把德育工作的内容从思想领域扩充到心理领域。现在,各方面的研究表明,思想问题和心理问题是不可分的,德育工作重视思想问题就得同时重视心理问题的研究。只有使大学生处在良好的(或最佳的)心理状态,教育质量的提高才有心理和思想的保证。

第三,开展心理健康教育体现党和国家对广大知识分子的关怀和爱护。现在的大学生,十年以后将成为我国各条战线的中坚,关系着祖国的兴衰。他们的心理素质如何,很大程度上决定着我国知识分子在现代化建设中做出贡献的大小。因此,我国政府十分重视知识分子的身心健康。早在中华人民共和国成立初期,周恩来同志就十分重视提高知识分子的生活待遇,关心他们的身心健康。多年来,我国知识分子的生活待遇有了很大提高。但是,有不少知识分子一心扑在事业上,不懂得自我保健,积劳成疾,英年早逝,给国家和党的事业带来巨大损失。有计划、有目的地在大学生中开展心理健康教育,这是对我国宝贵的人才财富的一种最有效的保护。特别在世界高科技竞争日趋激烈,社会对各类人才既要求有健康的体魄,又要求有良好的心理素质的今天,开展大学生心理健康教育就显得特别重要。

第四,开展心理健康教育有利于整个中华民族素质的提高和社会主义精神文明建设。中华人民共和国成立后,我国的教育事业在一片废墟中逐步恢复并发展了起来,但毕竟底子薄,教育水平不高,能够进入高等学府的青年学生不多,真可谓千里挑一、万里挑一,因此整个民族的文化素质不高。通过不断努力,我国高等教育有了突飞猛进的发展,在高等学校里集中了一大批中华的优秀青年,他们思想活跃,勤于思考,求知欲强,渴望成才,少保守,勇于创新,他们的生理、心理素质和社会适应能力如何,关系到祖国的未来。这是因为当代大学生是社会公认的学历层次最高的青年中的榜样,他们的生活习惯和健康行为如何将直接影响着整个青年一代,也将影响着整个社会生活的质量和水平。由此可见,提高大学生对自身心理健康的责任感和自觉性关系到整个中华民族素质的提高。心理健康教育中的一个重要内容就是道德健康。在大学生中开展心理健康教育,使他们具有较高的道德品质,让讲文明、讲礼貌、讲卫生、热爱集体、遵纪守法、尊敬师长等良好道德风尚在大学校园蔚然成风,必将带动整个社会道德风尚的提高,从而大大地促进我国社会主义精神文明建设。

### 三、大学生心理健康教育机制创新分析

随着时代与社会的发展,高校辅导员应该更新自己的知识与观念,学习新的教育机制,充分把握大学生心理健康状态,在大学生遇到心理健康问题时可以给予及时的指导与帮扶。下面是大学生心理健康教育机制创新分析,包括大学生心理健康的调适、大学生心理健康辅导。

（一）大学生心理健康的调适

要实现心理健康调适目标,培养健康的心理,必须注重心理调适。根据大学生的实际情况,主要应进行以下方面的调适。

1. 认知调适

改变情绪、意志、心理健康等方面存在的错误或者不良认知,形成对事物和自身正确的观念,培养科学的认知方法。

2. 情绪调适

善于消除引起不良情绪产生的因素,调节不良情绪的困扰,形成乐观自信、稳定、豁达的健康情绪。

3. 意志调适

正确认识意志在成才中的重要作用,主动培养坚强的意志品质,养成坚毅、果敢、刚强的优良意志品质。

4. 心理挫折

科学认识挫折,勇于面对挫折,视挫折为人生的一大财富,主动调适各种因心理挫折而带来的心理困扰和障碍。

5. 人际心理调适

认识人际关系在心理健康和正常发展中的重要作用,消除对人际交往的不良认知,积极寻求有效的人际交往方法。

6. 创造心理调适

认识创造对社会和个人发展的巨大作用,消除创造心理误区,树立优良的创造心理品质。

7. 学习心理调适

克服不良学习方法,形成科学的学习心理品质,消除因学习、考试等形成的心理挫折感及心理障碍,从而提高学习效果。

8. 择业心理调适

敢于面对市场竞争和社会对人才的挑选,消除择业心理误区,增强择业的自信心,提高择业技巧,发展适应现代社会的优良的择业心理。

9. 恋爱心理调适

了解恋爱过程中的一般心理特点,消除恋爱误区,正确处理恋爱的不良心理和行为,发展积极、健康的友谊和爱情。

(二)大学生心理健康辅导

影响大学生心理健康的因素不仅现实地存在着,而且十分复杂、多样,维护和增进大学生心理健康水平以及出现心理失调时帮助其恢复心理平衡,是现实和发展的必然要求。

1. 学习心理卫生知识

心理卫生知识是维护心理健康的理论武器,学习并掌握心理卫生知识有助于我们理解心理卫生的意义和价值,认识自我心理状况,具有维护心理健康的方法和能力,从而在日常生活中能自觉地调节心理以适应变化的环境。对系统学习心理卫生知识与未学习过的大学生进行比较,发现前者在心理调节、自我保健方面普遍较好。

学习心理卫生知识可通过听心理卫生课或讲座,阅读心理卫生书刊,向心理咨询机构咨询等方式和途径进行。学习心理卫生知识,重要的是理解心理卫生的实质,掌握心理健康发展的规律和心理保健的方法,尤其必要的是把学习和实践紧密结合起来,用理论指导日常生活的实际,真正做到学以致用。

### 2. 培养健康的人生态度

健康的人生态度,就是科学、积极、乐观、坚强的人生态度,这是保证心理健康的必要品质。健康的人生态度,使大学生们在现实生活中能对社会、人生及其具体现象和问题正确认识、理解把握,既避免认知错误导致的心理困惑,又有利于冷静而稳妥地对待事物,从而减少不必要的挫折和失误;心胸开阔、情绪乐观、意志顽强,有效地维护自身的心理稳定,又提高了对生活中各种困难和挫折的耐受力,从而减少心理冲突、防止心理障碍,有利于保持心理健康。

### 3. 重视自我心理调节

自我心理调节是维护和增进心理健康的重要措施,是心理保健的核心环节,只有重视并有效地加强自我心理调节,才能真正实现大学生心理的健康和发展。

自我心理调节包括:调整认知结构、克服不合理信念,注重理性认知;完善自我意识,正确认识自我、合理评价自我、积极悦纳自我、有效调控自我;学会情绪调节,排除不良情绪,保持情绪的愉悦和稳定;锻炼意志品质,提高实践活动的自觉性、果断性、坚韧性和自制性;扩大人际交往,实现心理沟通;克服人格缺陷,协调个性特征,塑造健康人格;及时、适度、合理地运用心理防御机制,提高心理承受力;保持适度紧张,避免过度焦虑;培养广泛的兴趣爱好,生活内容丰富而充实。

### 4. 善于寻求帮助

维护和增进心理健康,除了重视自我保健和调节外,还应积极争取家庭、学校和社会的帮助支持,比如多找教师、朋友倾诉,以疏泄积郁情绪;通过与他们交流,校正不良认知等。心理咨询是指运用有关心理科学的理论和方法,通过语言、文学等媒介,给咨询对象以帮助,解除其心理问题(包括发展性心理问题和障碍性心理问题),维护增进心理健康,促进人格发展和潜能开发的过程。心理咨询的对象是有自制力、能接受帮助的正常人。心理咨询包括个别咨询、团体咨询、门诊咨询、书信咨询、电话咨询、报刊咨询、现场咨询等形式。心理咨询严格遵循交友原则、保密性原则、科学性原则、整体性原则、对咨询对象负责的原则等。心理咨询的内容包括发展性咨询和障碍性咨询。前者是消除心理困惑和压力，调节情绪、开发潜能，指导咨询对象，增强对社会的适应能力，提高学习、工作效率和生活质量等；后者是帮助咨询对象解决心理障碍、心理疾病（如各种神经症，精神病除外）。大学生要善于求助心理咨询，把它作为心理保健、心理教育的重要途径。任何对心理咨询的偏见、轻视、回避都是不科学的。

5. 积极参加实践活动

人的心理是在社会交往、社会实践活动中形成和发展的，健康的心理离不开健康而丰富的社会生活的土壤。多参加人际交往，如各种积极有益的社会活动、校园文化活动、劳动实践，广泛接触生活，有助于丰富情感世界、锻炼意志品质、增长才智、提高认知水平、完善人格，从而优化心理素质。同时，积极参加实践活动本身就是心理调节的方法，通过活动宣泄郁闷，转移注意点，调整情绪，升华情感。

# 第四节　大学生职业生涯规划与就业指导

对于每一名大学生而言，学习知识主要是为了提升自己的各方面能力，在走入社会以后可以更加快速地适应社会，找到适合自己的职业。因此，高校辅导员应该对在校大学生给予职业生涯规划与就业指导的知识引导，帮助他们早日熟悉这方面理论，从而在以后的就业过程中做到得心应手。

**一、大学生职业生涯规划**

（一）职业生涯规划的概念

职业生涯规划又称为"职业生涯设计"，普遍认为是著名管理学家诺斯威尔(William J. Rothwell)首先提出这个概念的。他认为,职业生涯设计就是个人结合自身情况及眼前制约因素,为自己实现职业目标而确定行动方向、行动时间和行动方案。尽管之后其他学者对职业生涯规划的概念有不同的理解,但各种理解上的差异并不能掩盖职业生涯规划在人们观念中的共识。应该说,诺斯威尔的定义从一开始就为职业生涯规划定下了基调,具有典型意义。对职业生涯规划概念的认识,应着重把握以下三点。

**1. 职业生涯规划分为认知、设计、行动三大部分**

职业生涯规划是一种复合化的行为过程,应包括认知、设计和行动三大部分。三者环环相扣,浑然一体。

(1)认知。

认知包括对人生理想、职业价值观、兴趣爱好、个性特征、能力状况等主体方面的认知,也包括对家庭条件、社会环境、职业分类、工作性质的认知,还包括对职业生涯规划理论和方法的认知。

(2)设计。

设计是指个体根据认知为自己有针对性地树立职业目标、制定实施方案、确定阶段任务。

(3)行动。

行动是将设计的内容付诸实施。

**2. 职业生涯规划深受客观条件的影响**

职业生涯规划受到客观条件的显著影响,概括来说包括以下几方面。

第一,职业生涯规划属于一种社会科学,本身无法做到像自然科学那样严谨精确。

第二,职业生涯规划的调整是主体与客观因素的适应关系,但客观上的因素是无法完全预料的。职业生涯规划所能做到的是根据既有的因素去安排路线和行动,在客观因素变化时,也能运用合理的方法去应对。但是,如果没有这些准备,在面对新情况时,也很难找到合理的方法解决,所以职业生涯规划为个体的发展提供的规划并非如建筑图纸那样细致无缺,它提供的是让我们合理有序发展的框架。

3. 职业生涯规划以职业实现和职业维持为中心

职业生涯规划以职业实现和职业维持为中心,同时包含对性情培养、家庭角色扮演、生活方式和状态等非职业因素的规划。对于大多数人而言,职业是物质生活来源的基础,也是心理塑造的重要因素,正因如此,职业生涯规划才会成为一个独立的研究主题,甚至在某种意义上,职业生涯规划可以等同于生涯规划。所以,职业生涯规划的核心是找到适合自己的理想职业,并得以维持。但是职业的实现和职业的维持不是孤立的,它们需要生涯的其他方面做支撑。比如,家庭的建立往往有助于职业因素更大地发挥作用,家庭的建立形态等也会影响职业的选择,同时家庭的建立也影响着职业结束后个体的归属。所以,职业生涯规划是关于个人生涯较全面的规划过程。

(二)大学生职业生涯规划的影响因素

影响职业生涯规划的因素有很多,概括来说主要包括以下几方面。

1. 健康因素

健康对于职业选择特别重要,几乎所有的职业都需要健康的身心。有人问古希腊哲学家赫拉克利特身体健康的重要程度,他说:"如果没有健康,智慧就无法表露,文化就无法施展,力量就无法战斗,知识就无法利用。"

2. 年龄因素

年龄对职业生涯规划的影响也不容忽视。对工作的态度和看法、对机会尝试的勇气、完成任务的能力和经验,不同年龄人的表现都有所不同。古人所谓"三十而立,四十不惑,五十知天命,六十耳顺"是有深刻道理的。

3. 性别因素

虽然男女平等的观念已普遍被现代社会所接受,但传统观念中的"性别因素"仍然在职业中起着不可忽视的潜在作用。因此,在规划职业生涯和求职时,做好充分的思想准备,寻求与性别相适宜的、与理想相统一的职业,将有助于自己走向成功。虽然由于工作性质的不同,有一些工作适宜女性,有一些工作适宜男性,但男女具有同等的发展机遇,只要我们努力,每个人都能实现自己的职业理想。

### 4. 性格因素

性格在我们的职业乃至一生中都会起到很大的作用,我们也常常听到"性格决定命运"这样的话,但是又有几个人真正了解自己的性格呢?每个人都会有自己独特的个性,所以每个人的职业和人生也就不同,正是因为性格不同也就造就了形形色色的人。

### 5. 兴趣因素

兴趣对职业生涯的规划影响巨大。在影响个人职业生涯规划与发展的众多主观因素中,兴趣就像一双无形的手,对职业生涯的发展至关重要。现在有一大部分人在从事自己不喜欢的工作,这也是造成职业倦怠和职业边缘化的一个主要原因。

### 6. 家庭经济情况因素

家境也是影响职业生涯规划不可忽略的要素。家庭负担重的人,家庭责任感会使自己有着更大的就业压力,甚至会改变已经规划好的职业目标。因此,我们在进行职业生涯规划时必须考虑家庭状况,以平衡家庭责任与理想之间的关系。

### 7. 社会环境因素

社会环境因素决定了社会职业岗位的数量结构层次,同时决定了人们的职业观念,决定了就业的方式、职业观和个人职业生涯的历程。比如,目前我国市场就业机制的建立和发展,学校推荐,双向选择,自主择业,竞争上岗;国有企业的改革调整;职工下岗再就业机制的不断完善;等等。在这种状况下,某些行业劳动力相对过剩,岗位相对减少,若得到一个比较理想的职业,必然会加倍珍惜,工作态度和敬业精神在工作中就显得非常重要。

### 8. 受教育程度

教育是赋予个人才能、塑造人格、促进个人发展的活动,教育程度是事业成功不可缺少的条件。受教育程度不同的人,在个人职业选择时,具有不同的能量和作用：受教育程度较高的人，在就业以后会有很大的发展，在职业不如意，再次进行职业选择时，能力和竞争力也较强。受教育程度低的人，在职业选择和发展时相对处于劣势。人们接受教育的专业、学科门类及层次对职业生涯也起着重要的决定作用。

（三）辅导员在大学生职业生涯规划中的作用

职业生涯规划不仅能够帮助个人实现目标，还能帮助个人真正地了解自己。概括来说，职业生涯规划的意义包括以下几方面。

1. 帮助大学生树立正确的择业观念

时下就业市场上之所以会出现"公务员热""金融热"等现象，很重要的原因就是很多大学生没有正确的择业观念，一味地追随大流，或者仅仅认识到社会环境对职业发展的影响，而没有考虑到自我的身心特点和未来发展的目标。没有正确的择业观念，带来的结果往往是就业中的四处碰壁，或从事了一个不适合自己的职业，导致个性被压抑，能力被限制，生活上郁郁寡欢，事业上步履维艰。"三百六十行，行行出状元。"对于有抱负的人而言，其实大多数职业都有广阔的施展空间，都能给人生带来成功的荣耀。正确的择业观念应当是自我认识、环境认识、价值目标认识的系统结合。职业生涯规划可以帮助个体在此基础上树立具体的、有针对性的择业观念，从而对机遇的把握更为全面和深刻。

2. 指导大学生确定恰当的人生目标

目标是人生之路的灯塔，它指引着奋斗的方向，也给予奋斗的动力。但是，确定一个恰当的人生目标绝非易事。目标确定得过于宏大，会找不到实现目标的入手之处，对个人成长起不到促进作用；目标确定得过于狭隘，会使个人的成长受到过多的拘泥，最终限制了发展的空间。职业生涯规划所包含的各种理论、方法、工具，可以帮助大家准确地认识自我，在正确的自我定位的基础上，结合外部条件和社会需要确定切实可行的目标。

3. 有利于促进个人努力工作

职业生涯规划的制定将会给个人树立一个明确的标靶，明确了目标，个人才能奋勇前进。随着职业生涯规划内容一步一步地实现，个人的成就感会不断地增强,这将有利于促进自己进一步向新的目标前进。随着职业生涯规划的不断实现,个人的工作方式和思维方式也将不断地发展和完善。

### 4. 有助于个人抓住工作的重点

职业生涯规划能够帮助我们评价工作的轻重缓急,并合理地对日常工作进行安排。一个人若是没有职业生涯规划,就会很容易被与人生目标无关的日常事务缠绕,甚至沦为琐事的奴隶,无法实现人生目标。职业生涯规划就是为了帮助个人抓住工作的重点,增强成功的可能性。

### 5. 有助于个人评估自己的工作成绩

职业生涯规划的一个重要功能就是向个人提供了一种自我评估的重要手段。规划的具体每一步实施结果都是可见、可测和可评的。制定了职业生涯规划,个人就可以根据规划的进展情况对自己目前已取得的成绩进行评价。在当前这个时代,大学生只有制定一个好的职业生涯规划,才能掌握好自己的竞争优势,发挥个人的潜能,并充分把握稍纵即逝的机会,实现预定的目标。

### 6. 促进人全面发展的重要手段

随着生活水平的提高,人们的自我意识逐步增强,人们的要求已经不仅仅停留在健康、财富的基础上了,而是渴望获得全面发展。大学生要对自己有一个全面的认识,要根据自身情况选择人生的发展路线,这就离不开职业生涯规划。

### 7. 帮助大学生提升自身的价值

在职业生涯规划的过程中,要求规划者对自身的价值重新进行评估,并通过层层递进的评估重新审视自己,重新认识自己的价值。在此基础上,根据职业方向来制订相应的行动计划,从而进一步增强自己的职业竞争力,提升自身的价值。

### 8. 帮助大学生立足现有成就确定高尚奋斗目标

事实证明,许多在事业上失败的人,并不是没有知识和能力,而是他们没有很好地规划自己的职业生涯。只有明确了目标,大学生才有奋斗的方向,才会积极地创造条件实现目标;只有明确了目标,大学生才能找到与自己最匹配的职业发展道路。

### 9.帮助大学生认识既有的发展状态

认识既有的发展状态,包括对个性的认识、对现有能力和不足的认识、对发展阶段的认识等。如果对既有的发展状态有较好的把握,就可以确定之前所做努力的效果,明确下一步应做的工作。这样,我们就能知道今后是应该继续沿用之前的发展思路,还是做适当的调整。这既可以作为一种对之前确定的人生目标的检验,又能促进我们逐渐朝人生目标迈进。

## 二、大学生就业指导

### (一)大学生择业观的转变

我们在对毕业生的心态测试与咨询中发现,伴随着国家政治经济形势的变化以及毕业生分配制度的改革,大学生在择业手段、方向、内容、性质等多方面都在悄然变化。这些变化,同他们的择业观混杂在一起,既有符合改革潮流与社会需要的良好趋势,又有同社会发展进步的方向不一致之处。为引导大学生树立正确的择业观,有必要对大学生择业观转变的原因、方向及这种转变带来的喜与忧方面进行客观分析。

#### 1.择业观转变的原因

任何事物的发展变化都有其产生的根源,择业观当然不会例外。择业观是指大学生在职业选择上的种种心态,是大学生自我价值取向在职业选择领域内的表现形式。由于大学生的价值取向必然受到社会政治、经济、文化等多种因素的影响,因此大学生的择业观不能不带有明显的时代特征。择业观的转变,要归结到大学生价值取向和择业领域的转变,而这种转变又源于一定时期国家政治经济形势、科教改革等多方面的变化。

经济体制的改革应是择业观改变的一个最主要的原因,它着重影响着大学生的价值取向。在经济领域,从统购、包销的计划管理到有计划的社会主义商品经济,直到今天的社会主义市场经济这一大幅度的跨步中,学生的思想意识与价值取向必然会受到冲击,大学生择业方面考虑的因素,是综合的与多侧面的,他们对地理位置、工作性质、发展前景、经济收入等因素加以综合比较,方会做出选择,尤其是在市场经济条件下,金钱在人们心目中地位的提高,导致择业观向赚钱的方向倾斜。某杂志社曾组织某届毕业生进行座谈,同学们道出了市场经济冲击下大学生五花八门的择业心态。以前的大学生有"三去"——到边疆去,到基层去,到最艰苦的地方去;现在的大学生有了"新三去"——到公司去,到外国去,到赚钱多的地方去。北京师范大学历史系某学生更是直言不讳,他说:"为什么师范生不愿到教育第一线去?我觉得现在的一个主要原因就是人们的社会价值观变了,现在的社会舆论已经把挣钱的多少作为衡量一个人能力高低的尺度,而教师的收入平均水平都很微薄。"种种心态表明,新的经济形势下,大学生择业观的心态变化,受金钱因素的影响是不可低估的。

导致大学生择业观转变的另一个重要原因就是毕业分配制度的改变,供需见面、双向选择措施的出台,拓宽了毕业生的择业范围。在此之前,国家实行的是"统包统配"的分配制度,大学生是"革命的螺丝钉",钉到哪处算哪处,职业选择上没有自主性,无"择"可谈,更无从谈及择业观的转变。学生树立自己的观点,必须建立在一定选择范围前提下。双向选择分配制度的不断推进,使大学生在校的专业倾向以及分配的职业选择有了较大的自主性,学生会依据自己的爱好特长以及社会需求而发展自己的个性,不必过分为自己的专业不好而忧伤。学生对"专业对口"的重视程度减弱,攻读第二学位的人数增加等种种迹象表明,择业环境的宽松,择业范围的扩大,导致学生的择业观悄然变化。

择业观转变的原因往往是复杂多样的,具体到某一个人又会有其特殊的情况,我们只能从总体上、大环境上的原因进行简析,在解决实际问题的时候,应对症下药,根据实际情况做出具体分析。

2. 择业观转变的方向

从近两年各类不同院校不同专业学生的就业情况看,目前学生择业观转变的方向是十分复杂的,从总体看有以下特点。

在择业取向上,呈现多极化倾向。长期以来,我国大学生择业倾向上一直存在着"天南海北"(即天津、南京、上海、北京)与"新西兰"(即新疆维吾尔自治区、西藏自治区、兰州)两极分流的状况,造成我国人才分布上"一江春水向东流"的不合理布局。从对当前大学生去向的意向调查中发现,学生不再单一地期望到大城市、机关、科研和高等学府单位工作,大多数毕业生开始从社会需求和个人条件等现实情况出发去选择专业,有些专业的学生更愿去生产第一线,到基层单位发挥才干。据调查,虽然留在大城市、机关的学生比重下降,到中小城市的学生比重上升,但所去的中小城市也多数是经济发达地区及沿海开放地区,农村、城镇以及"老少边穷"地区仍然是大学生择业的冰点。特别值得注意的是,前几年计划分配的"老少边穷"地区学生无条件返回,历年又有一定的支边名额,而目前择业环境宽松,不仅仅沿海地区的生源不愿到"老少边穷"地区,其本地生源也在想方设法挤向沿海特区大中城市。

有人对大学生自谋职业的态度做过调查,结果表明,厅局级干部家庭出身的大学生赞成的占60%,反对的只有6.6%,而中小学教师子女有13.9%的人反对,其他阶层对此项改革赞成比例顺序由大到小依次为知识分子、一般干部、工人、农民、中小学教师,这一结果所说明的问题是不言而喻的。在这个意义上,干部子女、知识分子子女,特别是高校知识分子子女,更多的是倾向于走自谋职业的道路,而出身于农民、中小学教师、工人阶层的大学生,因为在就业信息、社会网络和能动用的社会关系方面相对而言都处于不佳地位,因而他们尤其担心社会不能提供合理平等的就业竞争机会,从而使他们成为竞争中不合理的牺牲者。

在择业内容上,很多大学生不再过分强调"专业对口"。诚然,"专业对口"对解决"所学非所用"的人才浪费是十分必要的,但从实际来看,学生这种择业观的转变也很有道理。

第一,从大学生和用人单位的思想认识方面讲,大学生在毕业分配之前认为自己在××系读了四年,应该分配个专业对口的工作,这样一来,势必会缩小择业范围,参加工作之后,过分强调"专业对口",则往往对自己所从事的工作不满意,甚至消极怠工。有的大学生在任职的一两年内,很难独立进行课题研究工作,如果让他们先做些资料工作,他们又觉得大材小用,怨天尤人,认为"专业不对口"。用人单位同样如此。过分强调"专业对口"直接影响接收优秀人才,因为所谓"人才",除专业知识之外,还要看素质。素质的内容很广,它包括学习记忆能力,分析理解、综合判断能力,独立解决问题的能力等,此外还包括一些基本的品质,如实事求是、认真负责、正义感、主动性等。假如单凭"专业"选人才,未免思路太狭窄。

第二，从大学生的实际状况讲，过分强调"专业对口"是不切实际的，因为我国高等教育的内容与实际需要存在偏差，在"所教"与"所需"之间有着较大的结构差距，大学所设的课程基本上是基础课，多以理论教学为主，还没有深入到某种专业中去，需要在实际工作中体验、探求、思考，灵活地运用所学的知识，才能逐渐做到理论与实际相结合。

第三，"专业对口"的作用也有一定的局限性，在实际工作中，一个人的自学能力、理解能力、知识迁移能力、接受新事物的能力与创新等能力，往往比一两门专业知识还重要，改革、开放以及科研技术革新等实际工作都很需要知识渊博、素质好的"通才"，而不需要过分强调专业对口的毕业生。

在择业标准上，学生更多地考虑经济因素及发展前景，而将地理位置及工作性质放在稍偏后的地位。目前，"机关冷、公司热"的一个重要原因就是机关的论资排辈、人浮于事的现状未改观，而相对来说，公司办事效率高，能够充分施展个人才能及待遇高等。许多文科专业，如中文、考古、图书馆等的同学丢弃专业而千方百计要求到经济条件好的部门，其中一个重要原因就是经济因素的诱惑。当然，说到发展前景与经济因素谁占上风，至今难有定论。

从总体看，越缺少人才的单位，则越见不到高校毕业生。令人担忧的是这必然会导致一种恶性循环，带来一系列社会问题。

### 3. 择业观转变的喜与忧

新的择业观产生的实际效果如何？从宏观上分析，一方面令人高兴，另一方面也不能简单地乐观，而是喜忧参半。

（1）喜的方面

第一，新的择业观明显表明，多数学生倾向务实不务虚，学生的就业愿望出现多极化，而"大学热"（大机关、大城市、大企业）、"从政热""出国热"向"从商热""三资热""公司热"转化。一位毕业生曾直言不讳地说："大城市放不下一张床，大机关人才济济，什么好事也轮不到自己身上，有什么可留恋的呢？我们不需要徒有虚名，我们不趁年轻，到自由性大的地方闯荡一下，那些地方赚钱多，生活条件也较优越，我们何乐而不为？"这可以说代表相当一部分学生的心态，我们应当为这种由虚到实的转化而高兴，因为一直以来，大学生被奉为"天之骄子"，被社会捧得不知天高地厚，大学毕业便自觉高人一等，不愿从事具体工作，由这种转变可以看出,在市场经济的冲击下,学生的选择更加接近于实际,他们不再肤浅而盲目地追求,而是面对现实。他们在思考自己的生活。

第二,新的择业观对人才的成长是十分有利的。新的择业环境,使学生的自主择业意识成为现实,学生可以根据自己的爱好和特长选择适合自己的工作,这对人才的成长很有利,从事适合自己特点的工作,更有利于施展自己的才华,才能更加努力,不断开拓创新,自然更容易出成绩,而从一定程度上避免了由情绪问题影响工作而造成的人才浪费。大学生分配的专业不对口是绝对的,而专业对口才是相对的,允许学生依据其特长和爱好选择与其专业不对口的职业,对其成长未必没有好处。

（2）忧的方面

第一,新的择业观干扰了高校正常教学秩序,学生对专业的认识上的淡化及择业手段的变化,使其不安心于专业学习,甚至产生"厌学风"。某高校有一名政教系学生,不喜爱自己的专业,自一入学就自修农业经济,其专业课总是勉强及格,而毕业后却考取了北京某高校农经研究生,到底该如何评价,很难有正确答案,或许这是个很有出息的学生,但对政教系的教学不能不说是一种嘲讽。另一方面,择业手段多元化,使许多学习好的学生因手段单一而找不到好工作,许多不学无术的学生却因手段高明而寻求到好单位,从一定程度上助长了那种"学不如不学"的厌学风。

第二,择业追求的"短期效应"行为加剧了人才的不合理流向,由于一部分毕业生把生活理想放到高于一切的地位,追求高待遇、好福利,把外贸企业、合资企业、有出国机会的单位作为选择职业的目标,国家目前尚无相应措施加以牵制,势必加剧人才流向的不合理性。条件好、有发展前途的单位容易引进大学生,而条件差,又急需引进人才的"老少边穷"地区却引不进来人才,这确实令人担忧。

(二)大学生就业指导原则

1.适应时代竞争机制原则

我国在总结经济建设正反两方面的经验教训和经济建设的客观规律的基础上,及时调整了经济体制,把有计划的商品经济改变成为社会主义市场经济。这种经济体制的变化,带来了人才使用的市场性,过去靠文凭吃饭、集关系生存的模式在改革开放的不断深入中逐渐得到了改变。这种新的形势,给每个人敲响了警钟,想要有合适的工作,想要有富裕的生活,想要能实现自己的社会价值,就要抓住时机,全面地培养自己的素质,掌握真才实学,以适应这种形势的需要。大学时代是国家提供的最好时机,是个人努力成才的最佳时机。

当今大学生要努力塑造自己成为创造型、开拓型的社会主义建设人才。这类人才的最大特点,就是思想解放、目光敏锐、勤于探索、不断进取、不尚空谈、注重实际、急流勇进、百折不挠。只有这样的人才,才能适应改革开放新形势下的竞争环境。因此,大学生成才设计,要努力在培养创造能力上下功夫,尤其要重视应变能力的培养。也就是说,要求大学生由"封闭型"转变为"开放型",既要善于汲取世界先进科学技术为我所用,还要根据世界高技术革命发展趋势,及时更新自己的知识结构,否则就没有竞争能力。

### 2. 事业创造性原则

大学生是未来事业的创造者,为打下良好的创造基础,在校期间,培养对专业的兴趣和爱好是十分重要的。要培养创造性的学习方法,因为其是创造力的重要内容之一。能力是在知识基础上形成的,它表现出探索性和求新性,大学生要培养自己的探索精神和求新精神,尤其要重视在创造性学习方法上狠下功夫。法国科学家笛卡尔说:"最有价值的知识是关于方法的知识。"方法得当,事半功倍,否则劳而无功。大学与中学不同,中学生学习主要依赖教师。大学生学习,更高的要求是独立性和创造性。从内容上看,大学生学习内容骤然增加,一般大学生在校期间要学习二三十门课程,不仅学习前人的知识,而且要获得新的知识,还要培养能力。因此,培养大学生创造性的学习方法,独立地获取知识,具有相当重要的现实意义。

### (三)大学生就业指导的意义

人们去工作,从客观上来看是为了维持社会系统运转而从事的一项活动,从主观上来看不外乎为了满足物质的和心理的两种需要。物质需要包括为维持生计所不可缺少的衣、食、住、行等基本需要,心理需要则包括除了温饱外的一些更高层次的需要,如维护和充实自我、体现自身的价值、实现某种理想等。大部分人去工作是为了同时满足这双重的需要。在经济发达的社会中,维持生计常常不只是工作的一个附带(尽管是必不可少的)目的,更重要的往往是为了满足个体心理上的需要。

每一个人都希望能维护自身的尊严,能被他人和社会所接受、赞赏和尊重。追求出类拔萃已成为人类的基本心理需要之一。在现代人看来,高成就是提高个人地位的基础,而且是自尊心的核心,因此对许多人而言,工作就成了改善人的地位和自尊的最重要的来源。每一职业都将它的挑战和奖赏提供给高成就者。如果一个人在日常工作中受到挑战和奖赏,他会感到自己是幸运的,他的职业选择是明智的,并会继续以极大的热情和创造性去完成他的工作;如果一个人在工作中不能获得成就,不能得到奖赏,这项工作对他就失去了心理上的意义。尽管不影响生计,他还是会感到精神压抑,希望重新更换职业,以期能够充满活力地生活。研究显示,从事能够带来乐趣、激奋和尊严的工作有利于人的长寿,如果长时期不得不从事毫无乐趣、使人厌倦的工作则很容易导致人的身体和心理上的疾患。

1. 有助于大学生职业的选择

择业是整个人生历程中一个至关重要的选择。对一名大学生而言,当受到种种因素的限制(如父母的意愿、所学的专业、身体的条件等)而导致可供选择的机会不多时,面临的主要问题就是职业上的适应。当选择的余地很大时,则需考虑到影响自己做出选择的众多因素,并充分利用科学所能提供的一切帮助来完成这个抉择。可能影响大学生择业的常见因素如下所述。

(1)兴趣。对多数大学生来说,对某种职业是否感兴趣往往是择业的一个重要条件。一般来说,只有对自己从事的职业有浓厚的兴趣,才会迷恋其中,发挥自己在这方面的才能,才会具备克服困难的决心和毅力去努力做出成就,并从中获得满足。但是如果把兴趣作为择业的首要条件,也可能失之偏颇,因为在并不复杂的生活经历中做过的事情不会很多,而人对于自己没有做过的事并不能准确地判断自己是否对其感兴趣。只要你善于从你从事的工作中找到乐趣,那你就不难获得成功。

(2)能力。包括智力和一些特殊的能力。一些学术性、技术性强的工作需要较高的智力;一些比较特殊的职业需要特殊的能力。如建筑师要有较强的空间认知能力,会计师要有较强的算术能力;指头灵敏度不强的人不宜做牙科医生,颜色辨别能力较差的人不宜做工艺美术、服装设计等工作。如果选择的职业与你的能力相匹配,你在日后的工作中就不会有太大的压力,也就比较容易出成绩;如果你所选择的职业与你的能力不相匹配,即使你再感兴趣也难取得突出的成就。

（3）人格特征。有些职业对心理健康状况的要求比较高,如心理工作者、社会工作者、精神科医生等。有些职业需要特定的气质和性格方面的特征,如管理人员需要独立性、果断性、支配性较强,外交人员要兴奋性偏低、沉着、反应快,飞行员要灵活性大、耐受性强、勇敢、沉着等。一个人的心理状况与他的成长背景、人格背景有密切的关系,而气质、性格方面的特征又是相当稳定的,人不可能随心所欲地按照客观环境的需要去改变它们。因此,如果在择业的时候忽略了这方面的条件,所选的职业与你的人格特征不相匹配,就将给你的职业适应带来极大的困难。

（4）价值观。每种职业都有其社会价值、经济价值和心理价值。职业的社会价值常随社会环境的改变而改变,职业的经济价值常用收入水平及一些潜在的经济利益来衡量,职业的心理价值则因人而异。职业的这几种价值在每个人心中的权重是不一样的。有人注重职业的社会价值,宁可放弃外资企业中的高薪职位而去做政府公务员;有人只注重职业的经济价值,只要高收入,其他都不重要;有人则更注重职业的心理价值,比如他选择医生这个职业可能仅仅因为它是一个救死扶伤的崇高职业。

在择业过程中,若希望这三种价值都让你满意,恐怕很困难,你必须有所取舍。

（5）工作环境。包括工作场所的条件和有无升职的机会。工作场所的条件已渐成为都市人择业的一个重要因素。如大公司的办公室文员,工作内容单调、枯燥,收入水平一般,但工作场所清洁、舒适,因此被许多学文科的女大学生看好,而如航海、地质等野外作业的职业则少有人问津。另外,不管是从事技术性工作,还是行政、管理性工作都希望有升职的机会,如获知升职的可能性不大,这个职业就对许多大学生失去了吸引力。

（6）所学专业。在我国过去的大学生就业制度中,所学的专业与从事的职业有直接的关系。随着市场经济的发展,用人单位更加注重人的综合能力而不仅仅看专业是否对口,跨专业、跨行业就业已不再是新鲜事。

（7）职业信息。随着计算机技术应用的日益广泛，人们在传播和获取信息方面也越来越方便、快捷。在择业过程中充分了解就业市场供需情况的总体信息和具体职位的分布情况将为大学生做出合适的选择提供帮助。

职业的选择是每一个人的权利，不少大学生在面临择业时感到茫然、混乱，还会有一种不安全感。因为这是大学生面临的一次挑战和决策，出现不安全感是正常的心理反应，重要的是如何解除不安全感。

如果大学生避免做出任何努力而是运用种种心理防御机制来解除不安全感（如对自己说："别着急，车到山前必有路。"）则是不健康的做法。如果大学生求助于师长、朋友，让他们来为自己做出决定，也就是将解决问题的责任推给他人，那么他是不成熟的，这种解决方式称依赖安全感。如果大学生就择业问题请教了师长、朋友后做出了自己的选择，并担负起责任，他就表现出了独立安全感，这是对人的成长最有帮助的方式。

心理学家认为，一次职业选择可以在任何一种建设性的基础上做出。一旦做出决定，你就去虔诚地追求它，无论遇到什么困难还是应感到满足，都当成分内之事来接受。也就是坚持把你自身的存在和生命的责任感与这一决定的后果联系起来，那么你在生活的职业领域中就实现了独立安全感，你的这个决定就是健康的。

### 2. 有助于大学生职业的改变

有意义的工作对人的身体和心理健康至关重要。我们经常可看到一个人从毕生从事的职业中退休后很快就退化、消沉。也可以看到对工作不满和感到压抑的人更容易患心脏疾病、消化道溃疡及其他疾病。

一旦一个人对他从事的工作失去乐趣，感到厌倦，这项工作对他就失去了意义，转而成为一种束缚，一种负担。长此以往，必然发生心理上的危机。此时，更换工作可能是一种最好的选择。心理学家认为对一种职业的选择并不一定是毕生都要坚持的，只要变动是负责任的，就是有益的。

职业的改变是又一次职业的选择，第二次选择与第一次会有很大的不同，会遇到一些很难逾越的障碍。最常见的障碍是来自自身的惰性与畏惧和来自他人的期望。

惰性与畏惧。一个人尽管对自己的工作十分不满，他可能还是会继续干下去,因为他懒得变动、害怕变动,他习惯于、熟悉于目前这种环境。如果要重新选择职业,就将面临许多未知的挑战和困境,这使他感到畏惧。他还可能害怕更换了工作后情况不会比现在更好。

他人的期望。一个人常会因为家庭中其他成员的阻拦而放弃改变工作。未婚时是父母的阻拦,婚后则是配偶的阻拦最具约束力。他们会说"放弃这份工作太傻了,有那么多人羡慕你"或是"你这份工作挣的钱不少,换个工作未必就称心"等。家人们的愿望是美好的,因为旁人常常期望一个人继续像过去他们所了解的那样。这种期望就常使一个人继续留在令他感到失望的工作中。

更换工作往往比第一次选择职业需要更多的勇气,因为这不仅要面对职业的选择,还要面对自身的畏惧和旁人的不满。

（四）大学生就业指导的策略

祖国的现代化建设离不开具备较高专业知识水平和文化素养的青年大学生。青年大学生作为我国经济腾飞、民族振兴的后备力量,能否顺利就业,从个人方面讲,关系到自身将来的发展和人生价值的实现;从社会方面讲,关系到国民经济的发展和社会的稳定;从教育自身来看,关系到教育目标的最终实现。因此,大学生要走出择业的心理误区,克服择业的心理障碍,树立正确的择业观、就业观。

1.大学生应具有健康的就业心理

（1）大学生就业过程中所存在的心理误区

职业是人的一生赖以生存和发展的手段之一,是实现人生理想的阶梯;择业是大学生人生的一次重要选择,也是对大学生综合素质,特别是心理素质的一次检验。大学生在求职择业过程中,由于心理矛盾的扭结和沉积,往往会产生一些心理误区和心理障碍。

①对自主择业的误解。一部分学生认为市场经济条件下的"自主择业"就是"自由择业",就业制度的改革就是实行完全的市场政策,参与选择的双方可以自由交易,"我愿意选择哪里就选择哪里""哪里选择我,我都可以去"。这些大学生不知道就业制度是和劳动人事制度、招生制度、分配制度、户籍制度等配套进行的。

②只讲眼前实惠,忽视专业发展。有些大学生和用人单位洽谈时,首先问及的是该单位效益怎样,奖金多少,去后能否分配住房,而很少

涉及专业是否对口、个人能否发挥特长等问题,他们的观点是"管它专业对口与否,挣钱是第一""先挣钱,后搞专业",择业标准的功利化,很容易引起用人单位的反感,结果使一些学习成绩不错的学生被用人单位拒之门外。

③互相攀比,强求平衡。大学生参加大规模的洽谈会多属首次,他们在这种场合衡量事物,尤其是评判自己的价值能否得到承认时,往往容易互相比照、攀比。周围的同学谁选择了知名度高、效益好的单位,哪位同学进了大城市或高层次部门,自己在心理上总是感到:"我不能不如人。"盲目攀比,互相嫉妒,这山望着那山高,这花看着那花俏,结果是不从实际出发,延误了择业时机。

④孤芳自赏,虚荣侥幸。一位文科大学生在自荐材料中列举了自己的五个"之最",自认为是集管理、组织、社交、写作、雄辩于一身的学校"之最",结果一经用人单位考察,并非如此,自然放弃对他的录用。这些学生自认为几年的学习锻炼,十八般武艺都样样精通了,结果是孤芳自赏,得不到用人单位的认可。有些学生为了被用人单位选中,在自荐时有意抬高自己,虚荣心极强;还有的学生认为洽谈会时间很短,招聘人员不可能认真考察每一个应试者,只要博得用人单位的一时好感,管它什么真本事不真本事,能签约就是真本事。他们不知这种凭侥幸心理参加应试,到头来吃亏的还是自己。

⑤缺乏主见,依赖他人。部分大学生缺乏主见,见异思迁,反复无常。择业决策时依赖他人,尤其是家长。在洽谈会上亲戚朋友代替学生与用人单位洽谈的现象屡见不鲜。这部分学生犹豫不决,优柔寡断,常常会与良好的机遇失之交臂。

⑥寻求依托,自命不凡。毕业生就业市场和人事制度的不规范,使社会上的不正之风乘虚而入。一些家长从孩子一入学便将其置于自己的关系网中,直至就业;还有一些家长在孩子未毕业前就忙于找熟人、拉关系。这部分学生因工作有了"关系"而高枕无忧,自命不凡。还有一些学生害怕自己落了伍,看到别人托人情、递条子,也试着用一些手段拉关系、通关节,寻求依托。这些做法既不利于社会风气的好转,也有损于大学生自身形象。

(2)大学生职场适应性心理调适

①树立自信。大学生初入职场,会因为工作经验的不足而导致很多事情都不能做到尽善尽美,还有可能犯一些小的错误。这对于职场新人

来说是较为普遍的现象,只要能汲取经验,在同事和前辈的帮助下不断完善,就能很快独当一面,大学生要对自己的新职场生活充满自信。

②自理自立。学生时期,大学生整日与自己熟悉的教师、同学在一起,生活随心所欲、轻松自在,经济上靠父母资助,生活上有学校管理,学业上有教师指导,情感上有同学沟通,从熟悉的学生环境到陌生的职场,面对陌生的同事,还有可能陌生的城市,会产生心理上的孤独感、失落感,尤其是在下班之后,更多的时间是独处,无论是生活上还是情感寄托上,都需要大学生自己去适应与调节心理层面上可能产生的孤独、空虚、失落、不知所措、茫然等。

大学生进入职场,独自打拼,必然要经过心理独立的自我建设,这就需要大学生学会自我心理调节,在心理上要尽快独立自主起来,尽快适应新的环境,并尽快学会与同事们和谐融洽相处,培养自己独自做事、独自生活的自理和自立能力。

③增强职业角色意识。大学毕业生踏上工作岗位之后,要能够结合现实环境来调整自己的期望和目标。入职之初,很多大学生跳槽频繁,这与大学生事先对新岗位的估计不足、不切实际有关,他们对自己的职业角色没有一个完全的认知,不能真正了解自己能做什么、该往哪个方向发展,在职场中与新环境格格不入,有些事情不敢做主或推给同事、领导,有些事情擅自做主,不能明确自己所担任的工作角色、工作性质、职责范围、职权义务等。对此,大学生在工作中应该增强职业角色意识,尽心尽力去扮演好自己的职场角色,尽快融入新的工作环境。

### 2. 大学生应树立正确的就业观

大学生在毕业择业的过程中,应端正思想,树立正确的就业观,主要包括正视现实、勇于竞争、不怕挫折、放眼未来等方面,把个人意愿同社会需求有机结合起来,强化竞争意识,清醒地分析自己的优势和劣势,把握住择业过程中的每一个有利条件和机会。

（1）正视现实

正视现实包括两方面的内容,即正视社会和正视自身。

①正视社会。大学毕业生面临的社会现实既有有利的一面,也有不利的一面。我国目前生产力还比较落后,社会为大学生提供的优厚职业岗位有限;供需形势不平衡,边远地区、艰苦行业、基层和第一线急需人才;另外,我国的毕业生就业市场还不规范,需要进一步完善和健全,不

正之风还有机可乘；用人单位自主权扩大，对大学生要求更加严格。大学生应该面对这些客观现实，一切从实际出发，处理好理想和现实的关系，脱离社会、脱离现实、好高骛远、凭空臆想的做法都是不正确的，逃避社会、回避现实的想法更不可取。

②正视自身。常言道：知人为聪，知己为明；知人不易，知己更难。一个不能正确认识自己的人，又怎能把主观愿望和客观条件有机结合起来，从而选择正确的目标呢？正视自己，首先要对自己有充分的、全面的认识和客观的评价，诸如思想表现、专业学习状况、性格、兴趣、能力、心理等方面，这样在择业时才可做到"知己知彼"，有助于选择一份理想的、适合自己的职业。

（2）不怕挫折

求职择业过程中遇到挫折在所难免。遇到挫折，大学生要认真分析失败的原因，是主观努力不够还是客观条件要求太高，找出原因，以利于再度求职。同时，遇到挫折要保持健康的心理，"失败是成功之母"，心理健康的人，勇于向挫折挑战，百折不挠；心理不健康的人，知难而退，一蹶不振，甚至精神崩溃。大学生择业时应正确面对困难和挫折，保持健康、稳定的心理，采取积极进取的态度，吸取失败的教训，开创成功的未来。

# 第五节　大学生党团和班级建设

高校学生党建工作是党的建设新的伟大工程的重要组成部分，高等院校由于在办学体制、办学方向、规模、生源情况等方面的特殊性，其学生党建工作面临着诸多严峻的考验和挑战。

## 一、学生党建工作

要做好学生党建工作，必须不断了解新情况、适应新形势、解决新问题。只有与时俱进、积极探索、认真实践、善于总结、敢于创新，才能构建学生党建工作的长效机制。

（一）充分认识做好学生党建工作的重要性

高校学生党建工作是高校党建工作的重要组成部分,加强对青年大学生的思想政治教育,培养入党积极分子,做好在大学生中发展党员工作,是高校党组织的基本职责所在。[①]

高校担负着培养数以千万计高等技术应用型专门人才的历史重任。毕业生面向生产、建设、管理和服务的第一线就业,成为各行各业的基层骨干,能最大限度地影响和带动他们周围的产业工人群体。做好学生党建工作,进一步加强对大学生的思想政治教育,提高他们的思想觉悟,对于增强党的阶级基础、扩大党的群众基础、改善党员队伍的构成和分布、保持我党最广泛的影响力有着深远的历史意义和重大的现实意义。

（二）学生党建工作面临的困难和问题

1. 学生的定位目标与自身素质发展不和谐

在一部分学生中存在着"六强六弱"的现象,即历史使命感强,具体责任意识弱;政治上进心强,辨析问题能力弱;人生进取精神强,集体主义观念弱;成才立业愿望强,抗挫折能力弱;社会道德认同感强,基础文明素质弱;自立自主意识强,自律自强能力弱。"六强六弱"概括说明了目前部分学生思想目标定位高,实际行动起点低的现状。在学生群体中考察和培养好苗子,把他们培养成为政治觉悟高、学习优秀、工作表现出色的学生党员是十分重要,也是有相当难度的。

2. 学生党员模范作用与党员先进性教育要求不和谐

学生党员先进性体现不充分的原因主要有以下两个方面:一方面,有些学生入党动机不纯,带有不同程度的功利主义和实用主义,把加入党组织当作一项任务来完成,入党后放松了对自己的要求,在各方面出现滑坡现象;另一方面,学校发展的学生党员在校时间很短,低年级学生党员绝大多数都是通过中等学校转入的,需要进一步提高和锻炼,而

---

① 徐纪尊,杨登山,郑金光.高职辅导员工作理论与实践[M].东营:中国石油大学出版社,2007:104.

高年级发展的党员则是尚未发挥作用就毕业了,在这种情况下难以形成"一年级有党员,二年级有党小组,三年级有党支部"的学生党建新格局,这在客观上削弱了学生党员在学生中的影响力和示范作用。

### 3. 党建工作队伍建设与党建工作要求不和谐

近年来,由于学生人数剧增,各方面工作量增大,学校被迫将工作重心放在常规管理上,从事学生党建工作的人力不足、精力不够,同时教师队伍中年轻党员较多,囿于年龄、党龄及阅历的局限,其政治理论水平本身也需要进一步提高,做党建工作有诸多方面不尽如人意。

### (三)进一步做好学生党建工作

### 1. 加强思想政治教育体系建设

我们所要培养的是中国特色社会主义事业的合格建设者和可靠接班人,其政治立场和思想观念是十分明确的。学生党建的根本意义在于引导广大青年学生树立正确的世界观、人生观和价值观,因此加强学生思想政治教育体系建设是抓好学生党建工作的基础和前提。要进一步构筑更加完善的思想政治教育体系,抓好思想政治教育"进网络、进公寓、进社团"工作;应充分发挥共青团的积极推进作用,占领青年学生思想政治教育的每一块阵地;要大力弘扬理论联系实际的马克思主义学风,紧密结合当代大学生的特点,加大教育引导的力度,提高大学生思想政治教育的质量。

### 2. 壮大入党积极分子队伍

要分层次、系统化、规范化地开展教育培养工作。以往我们在党的知识培训教育中,往往只注重或仅限于入党积极分子上党课、参加党校学习的方法,使得一部分大学生失去了学习党的知识的机会。要完善党校、团校的建设,所有团员青年都应参加团校学习和培训,只有取得团校学习的结业证书,方有资格被团组织推荐入党。党校分为初级班(党的知识启蒙教育,即写入党申请书学生的培训班)、中级班(入党前的发展对象培训班)、高级班(入党后的继续教育培训班)。要制定严格的分层次教育培训教学大纲,严格教育培训的管理,注重理论联系实际,在培养青年学生的政治信仰、理想信念上下功夫,不断加大马克思主义理论、党的知识的普及和宣传教育,真正使学生掌握党的指导思想、理论基础和宗旨。

### 3.积极稳妥地发展学生党员

以发展的眼光看学生。学生在校时间短,学生党员流动快、数量波动大,因而加大发展工作力度,壮大学生党员队伍,保持学生党员队伍数量上的稳定尤为迫切和重要。要以发展的眼光看学生,以切合实际的标准评价学生。

在坚持标准的前提下,重视对入党动机和思想政治素质的考核,把学生的一贯表现与关键时期的表现结合起来。对学生的综合评价要客观和全面,不仅要看学习成绩,更要看做人的品行和做事的能力。对于那些品行端正、做事能力较强的积极分子要加大培养力度,基本具备党员条件时,要及时将他们吸收到组织中来。

## 二、学生共青团工作

学校共青团组织是在学校各级党组织和上级团组织领导下的群众性团体组织。学校团组织根据青年学生的身心发展特点,以教育和教学为中心,坚持服务青年、服务大局、服务社会,在广大团员青年中深入开展精神支柱、素质拓展和服务保障三大工程,团结带领广大团员青年为构建和谐校园贡献青春力量。

(1)工作格局构建"一体两翼"。"一体两翼"中的"一体"是指校团委,"两翼"是指学生会和大学生社团联合会。校团委主要发挥指导协调、组织管理、阵地建设的职能;学生会立足自我教育、自我管理、自我服务的职能;社团联合会立足培养学生兴趣爱好、激发学生潜能、促进全面发展的职能。"一体"与"两翼"分工合作,相互配合,相得益彰。"一体"指导和带动"两翼","两翼"各有侧重,展开竞争。

(2)校园活动实现"四化"。校园活动要向序列化、制度化、专业化、实效化方面发展。以时间为序,1月份和2月份,开展寒假社会实践活动;3月份,以3月5日中国青年志愿者服务日为依托,开展"参与志愿服务,共建和谐校园"活动;4月份和5月份,开展"飞扬的青春"大学生科技文化艺术节及"转变就业观念,迎接社会挑战"毕业生系列教育活动;6月份,开展"高举团旗跟党走"大学生党团意识教育活动;

7月份和8月份,开展暑期科技、文化、卫生"三下乡"社会实践活动;9月份,开展庆国庆、迎新生、军训系列活动;10月份,开展"巩固军训成果,创建文明校风"活动;11月份,举办社团成果展;12月份,开展纪念"一二·九"和庆元旦系列文体活动。

（3）宣传工作突出"四抓"。一是抓队伍,组建宣传信息网络;二是抓学习,全面提高宣传人员素质;三是抓载体,对团学工作及时报道;四是抓机制,建立健全考核制度。

（4）入党积极分子培养坚持"四早"。一是早动员,新生一入校就向其介绍党的基本知识、"推优"程序、入党申请书和思想汇报的写作要求及学校对学生党员的培养、发展情况,启发、教育学生,引导他们向党组织靠拢;二是早选苗,经过一段时间的学习、工作、生活锻炼,及时将有培养前途的入党积极分子选作重点培养对象;三是早培养,把培养教育的重点放在提高思想觉悟、端正入党动机和遵纪守法上;四是早发展,坚持"成熟一个、发展一个"的原则,在保证质量的基础上,加大学生党员的发展力度。[①]

### 三、大学生班级建设

班级的管理具有一般管理过程的特点,是一个计划、组织、检查、总结的动态过程。作为一种教育性组织,班级是学生在学校中学习、成长和开展各种活动的基本场所。

（一）学生班级的特点

高等院校学生班级除具备了班级的一般特点之外,还具备了其他一些特点。

1.学生自管

院校的学生一般处于18~22岁这一年龄阶段。这一部分学生在认知发展方面,思维具有明显的辩证性,具有一定的创造性,表现为可以灵活运用各种思维技能并提出新的设想与见解;在情绪、情感方面,心境逐渐明朗化,各种情感体验能保持一定的稳定性和较长时间的延续

---

① 王传中,朱伟.辅导员工作指南[M].武汉:武汉大学出版社,2009:167.

性,道德感、理智感、美感等高级情感日趋成熟、稳定并逐渐成为个性特征的一部分;在自我评价方面,本年龄阶段的学生更注重内在品质,敏感性非常强,丰富性方面也有所提高,自我控制方面能够做到自觉提出动机,对目的进行调解与支持,防止事情任意改变,坚持实行预定的行动计划;在人际交往方面,交往的形式增加,内容丰富多样,交往范围广泛,出现大量非正式群体;本阶段学生还具有明显的自我设计愿望,能以积极探索的心态去设法改变环境,使之为个人的发展服务,以各种方式向周围的人表达自己独立自主的要求,希望成为自己命运的主人。

鉴于学生的以上特点,在院校实行学生自管是可行的,也是有必要的。同时,学生自管制度也给院校班级建设带来了新风,促进了学生工作的顺利开展。

### 2. 专业特色

院校的各班级分属不同专业,因此在进行班级建设时,应结合本班级的专业特色进行管理,以专业特色为基础形成班级特色。同时,特色班级的创建能丰富班级生活,提升班级品位,要通过班级共同理想的引导,依托所学专业形成正确的班级理念,这也是院校学生工作中调动学生积极性和自觉性的重要手段。

### 3. 年级特色明显

院校学生从入学到毕业,不论是在心理方面还是在生理方面,都有很大的进步与发展。因此,在院校实行有特色的年级管理是进行班级建设的有效手段,它符合学生成长的规律,有利于形成学生的集体意识和良好的风气。

一年级学生大都年龄偏小,从家门到校门,缺乏社会实践的磨炼,心理素质不够稳定。他们没有足够的兴奋情绪,享乐思想抬头,学习动力不足,过于自信但不自强。因此,对本年级学生进行教育时,应该加强理想教育、学风教育、目标教育、专业教育和心理教育,要做到热情与严格相结合,促进学生迅速成长。二年级学生的个人看法和个性会明显地表现出来,并积极展示,要求扩大自我空间。学生中会出现一种上升下降、错落交替的局面,这时的班级工作应做到"因材施教",对各方面表现进步者应及时给予肯定和鼓励,对少数呈下降状态的学生更要格外重视,同时也要抓好学生中非正式群体的引导工作。三年级学生心理相对趋于稳定,班级中好、中、差的群体层次基本确定。在四年级的班级工作中,应加强就业与择业观教育,做好就业指导。

(二)学生班级建设过程

班级组织这个群体是由不同个体集结而成的,要成长为具有组织特性的团队,需要一个发展变化的过程,在不断分化与整合中成长和发展。

一般而言,一个好的班级需要具备这样几方面的特点:有明确的奋斗目标,有团结一致的领导集体,有良好的组织和制度保证,有和谐的人际关系,有良好的舆论监督氛围,有相应的班级活动为依托,有自己的特色,等等。

1. 良好班级的形成步骤

(1)基础阶段

这一阶段,学生面临的最重要问题是学生生活的转变,从过去以学习为主的中学生活转变为丰富多彩的大学生活。

为了帮助学生实现这一转变,班主任、辅导员应做的是帮助学生适应大学生活,完成班级框架建设,如进行相应的入学教育、初步建立班委会和团支部等班级管理机构、初步形成班级制度等。

(2)形成阶段

在班级建立之初,学生的注意力主要集中于了解班主任、辅导员和任课教师,了解新的学校生活,建立与同学间的稳定关系上。这时班级的特点为:班级成员彼此缺乏充分的交往,只是由于好感或者原来有一定的关系(如来自同一社区或学校等)而进行交往,因此人际关系是情绪性的,没有共同的活动、任务为中介;班级还没有形成全体成员所认同并愿意执行的行为规范,群体意识差,聚合力弱。

经过一段时间的磨合,同学之间逐渐形成了基于需求、兴趣倾向等相同或类似因素的小团体。

(3)形成凝聚力阶段

当班级中大多数学生都能接受团体要求时,主动积极的团体学习与活动一旦确立,在班级中得到承认的行为就是积极地参与活动。学生的自尊心由于在各项活动中发挥了积极作用而得到提高,因而他们关注的焦点也就转变为如何积极地参加活动、发挥作用。即使强烈违反团体要求的学生也会试图在参与活动的过程中获得自身需求的满足。班级中的对立不再是情感上的对立,而是由认识深浅的不同、价值观和体验的不同、个性的不同等所造成的逻辑上和个性上的对立。只有视野广、洞察力敏锐的学生才具有引导班级团体的号召力。学生成员能够根据集体的要求自觉接受学生干部的领导,形成强有力的班级凝聚力。

（4）形成特色阶段

院校的学生班级不仅要形成一个班级核心,具备强大的团体意识,更重要的是要具备一定的班级特色。班级特色可以与专业相关,形成自身特点,也可以从班级管理手段、理念等方面做到与众不同。

2. 在班级建设过程中应该注意的几个问题

（1）深入了解学生实际情况,准确把握学生思想动态

深入全面地了解学生是班主任、辅导员一切工作的基础。在班级建设目标确立之初,班主任、辅导员可以通过阅读学生档案、到学生宿舍座谈和个别谈话等方式,获得本班级学生的一些信息,如了解学生的人数、性别、年龄、民族、宗教、家庭状况、学习状况、兴趣、爱好等,从而分析学生对班级的期望,以及对自我成才的要求,了解学生能力以便进一步开展班级工作。同时,班主任、辅导员可通过与班级骨干力量的互动及与个别学生的互动了解班级制度是否合理、有效,及时修正班级建设中的失误。

（2）班级中师生之间是一种直接的互动

班级组织为了实现特定的目标而开展各项活动,这本身就要求班级中教师与学生之间、学生与学生之间的互动必须是直接的、面对面的。班级组织的健康发展在很大程度上取决于班主任、辅导员对班级成员的认知和理解程度,因此需要班主任、辅导员与学生之间建立和谐、互动和相互信任的关系。

（3）班主任、辅导员需要运用自己的人格力量来组织班级活动

为了创造良好的师生关系,除正式的班级管理常规制度之外,班主任、辅导员还需要运用一些非正式力量来影响学生,人格魅力就是其中最为重要的一种,应以情感和人格魅力为依托来加强班级的常规管理,促进良好班集体的形成。

（4）班级建设需要学生的参与

班级建设离不开学生和教师的共同参与,在高等院校尤其如此。高

等院校学生日趋成熟,自我意识发展水平较高,有较强的自我控制能力,有积极参与管理的信心与能力。在这样的学校中,鼓励和吸收学生参与班级管理是加强班级建设的有力保证。教师应该在尊重学生、信任学生的基础上把部分班级工作交给学生,并借此机会锻炼学生的实践能力。

（5）班级建设需要教师和家长的配合

教育的一致性提示我们,尽管教师工作具有较强的独立性,但班级工作仍是每一名教师的责任。班主任、辅导员要积极取得任课教师的配合,形成一个对学生能够产生一致教育影响的教师群体。同时,家长作为学生的第一任教师和重要的终身教育者,对学生会产生重要的影响。班主任、辅导员应及时与家长沟通,全面了解学生,做到家庭教育与学校教育相互配合,形成正确的教育价值观念,创建良好班级。

（三）学生班级建设措施

高校学生工作者应秉承以人为本的班级建设理念,一切围绕学生的成才和成长,以为现代化建设培育合格人才为己任,实施扎实有效的班级建设措施。

1. 健全班级组织机构

（1）班干部的选择

一个班级的学生一般有如下几个主要类型:一是可作为学生榜样的品学兼优生;二是自发的"小头头",这些学生一般聪明能干,在班级调皮学生中很有威信;三是"老好人",这些学生一般愿为同学服务,能够团结大多数人,但能力一般,工作办法少,这些学生大都听教师的。

那么什么样的学生适合当班干部呢?一般地说,一个班干部除应具备一个好学生的条件外,还应满足下列标准。

第一,有正直公正的品德作风。

第二,具有一定的活动和组织能力。

第三,有较强的工作责任心。

以上三点是选拔学生干部主要的理想标准,但是有经验的教师都知道,新生中符合上述条件的班干部是很少的。因此,班主任、辅导员在选拔学生干部时应该从班级的实际情况出发,在比较中加以取舍,而不应苛求,重要的是今后的教育和培养。有些学生学习成绩虽然并不怎么好,但热心为集体服务,被选拔为班干部后,不仅工作搞得出色,而且自己的学习成绩也得到了提高;有些学生有某一方面的特长,如果发挥得好,能带动班级某一方面工作的开展。有些班主任、辅导员为了调动一些纪律较差的"调皮大王"的积极性,促使他们改变,还选拔其中一两名学生担任学生干部,取得了较好的效果。当然,选拔这类学生当班干部,一定要在班集体已初步形成,班级干部力量较强,对这些学生有较全面了解的基础上进行,否则很容易给班级带来混乱,对这些学生的成长也没有好处。

怎样选拔班干部呢? 一般都有一个"指定—过渡—选举"的过程。

(2)班干部的培养

培养班干部一般要分以下三个阶段。

第一阶段是指导阶段。班干部明确分工后,班主任、辅导员应亲自带领他们进行工作实践。这点对低年级的班干部以及新班干部尤为重要,因为班干部毕竟还是学生,他们一般缺乏在集体中工作的经验。班主任、辅导员首先应该带领正副班长、团支部书记工作,然后带领其他班干部工作。在带领班干部工作的过程中,班主任、辅导员要着重向班干部进行为集体服务的思想教育,纠正"当干部吃亏"或"当干部捞好处"的想法,以加强他们的工作责任感,促使他们积极开展工作。

第二阶段是提高阶段。有的班主任、辅导员采用班干部和高年级干部或学生会干部对话,参加学校组织的学生干部培训、学生干部工作智力竞赛等方法来加强班干部的培训,取得了较好效果。

第三阶段是放手阶段。这一阶段,班干部的工作责任感增强了,工作能力提高了,班委组织健全了,班主任、辅导员可以大胆放手了。

在培养班干部过程中,班主任、辅导员应注意以下几个问题。

首先,要全面关心班干部。教师应积极关心学生干部在德、智、体、美各方面的全面发展,不应只向他们压工作担子。很多学生干部因无法胜任工作很快就退了下来,甚至落后于普通同学,这往往和班主任、辅导员不关心他们的全面成长有关。其次,要防止班干部特殊化。要严格要求他们,不能姑息和溺爱,应告诫他们防止特殊化,这是从另一个侧面对班干部的爱护和培养。最后,要正确处理班干部和同学间的矛盾。一旦班干部和同学发生矛盾,班主任、辅导员就要作具体分析,把解决矛盾的过程变成一种对班干部和其他学生进行思想品德教育的过程,从而提高班干部的威信。

"亲自指导—学习提高—逐步放手—独立工作"是班主任、辅导员培养班干部队伍的整个过程,也是较好的班干部队伍和积极分子队伍形成的过程。

在班干部队伍的形成过程中,班级的组织机构(班委会、团支部)得到发展和巩固,并体现出核心作用。具体表现为:①组织机构成员在班级中有较高威信,具有某一方面或多或少的能力,并力图把自己的能力献给集体;②班级的组织机构是班级正确舆论的中心;③组织机构成员是班级的榜样;④班干部成为班主任、辅导员的得力助手,是联系师生关系的桥梁。核心作用的发挥,必将加快班集体的形成,为以后发挥班级多方面的教育功能提供保证。

2. 建立和谐的班级人际关系

一个和谐班级的组织和建设离不开和谐的师生关系。和谐的师生关系就是一种师生相互尊重信赖的关系,这种关系是班主任、辅导员、任课教师做好一切教育教学工作的基础。每一名教师都要特别注重和珍惜学生对其产生的信赖感,这种信赖感是由教师的道德品质产生的。教师以身作则、努力工作、充分理解学生的心理、办事公道、表里如一,这些都会让学生对教师产生信赖感。班主任、辅导员、任课教师必须是一个"利他型"的人,必须是一个对教育事业高度负责和对学生充分尊重的人。以尊重感和责任感为前提的信赖感,是师生关系最重要的纽带,是班主任、辅导员、任课教师发挥教育作用的最佳渠道。

怎样建立和谐的师生关系呢?

首先,必须建立班主任、辅导员、任课教师对学生的信任感。要建立这样的信任关系,班主任、辅导员、任课教师应具有正确的教育思想,对自己的事业具有强烈的使命感、责任感、奉献感,无论在顺境还是逆境,都能一心扑在教育事业上,以培养社会主义建设事业所需要的人才、提高整个中华民族素质为己任,对学生有爱心,信任和尊重学生。

其次,要形成学生对班主任、辅导员、任课教师的信赖感,即学生对班主任、辅导员、任课教师尊重、相信、依靠。合格的班主任、辅导员、任课教师能将教育教学的基本任务化解成具体的班级工作目标,然后转化成每一个学生的具体要求。班主任、辅导员、任课教师以自己高尚的人格和高度负责的态度,通过多种方式千方百计地提高学生的道德认识、道德情感,养成学生良好的道德行为习惯,学生也因此从班主任、辅导员、任课教师那里得到道德需要的满足,而对其产生由衷的尊重。他们相信班主任、辅导员、任课教师是自己走上成熟之路的引路人,相信班主任、辅导员、任课教师能帮助他们解决种种人生疑难问题。

### 3. 培养正确的集体舆论

第一,进行思想政治教育,加强正面引导。例如,有一个学生得了重病,班内几个同学悄悄捐款买了补品去看望他。随后,由班委出面向全校发出了捐款倡议。班主任、辅导员掌握这一情况后,立即召开班会,一方面肯定了学生们的做法,另一方面引导学生懂得,只从财物上关心同学是不够的,更主要的是从思想上、精神上去关心、爱护同学,帮助其树立生活的信心。以后,同学们经常自觉地分批到医院看望生病的同学,为他讲学校里的新鲜事,辅导他学习,使这个同学深切感受到同学们的友爱、互助之情,树立起了生活信心。从此以后,班级中同学间相互帮助、团结友爱的集体氛围便逐步建立起来了。

第二,树立榜样,及时表扬。榜样的力量是无穷的,学生的模仿性强,他们常以革命领袖和英雄人物的光辉形象激励自己,把最尊敬的人的一言一行作为榜样。

### 4. 培养自觉的纪律

所谓自觉的纪律,是指学生将外在的纪律要求转化为自我品格修养的内在要求和自觉行动。班级自觉纪律形成的过程,也正是班集体形成的过程,因此培养自觉纪律是组织和建设班级的保证。

在对学生进行自觉纪律的培养之前,我们应该对纪律有个正确的认识。首先,真正的纪律应该是不需要监督的自觉的纪律。自觉纪律的形成必然要依靠良好的教师集体和组织完善、统一的学生集体。自觉纪律表现为一个人独处时也应当知道应该有怎样的行动。其次,纪律是教育的结果。学生养成纪律的过程实际上是与不良行为做斗争的过程。我们在工作实践中往往把纪律当作消极的限制和束缚,这是一种不正确的认识。正如苏联教育家马卡连柯所说:"纪律是集体的面貌、集体的声音、集体的美妙、集体的活动、集体的姿态和集体的信念。"最后,培养自觉纪律的方式应该是"要尽量多地要求一个人,也要尽可能地尊重一个人"。

5. 开展班级创新活动

组织富有教育意义的活动是对全班学生进行生动活泼的思想政治教育的最佳形式,是组织和培养良好班集体的必要手段。

受教育者总是在各种活动中受到影响,只有活动才能使学生、教师、环境互相影响、互相作用,也只有活动才能使社会生活准则、道德规范内化为学生的个性品质。

"活动"有两种不同的含义。广义的活动包括学习、文体、劳动、科技、社交等,学习活动是学生的主要活动;狭义的活动指根据班级目标和学生实际开展的有计划、有组织的班集体活动,如主题班会、参观访问、公益劳动、旅游等,这类班级活动具有独创性、新颖性,并且有良好的教育效果。

(1)班级创新活动的意义

班级创新活动应该成为班主任、辅导员教育学生的有效形式和学生进行自我教育的重要途径,是班集体生活中不可缺少的组成部分。

(2)班级创新活动的含义

应该说,新颖性和独创性是班级创新活动的重要特征。学生通过班级组织的创新活动,可以培养奋发向上、团结友爱、朝气蓬勃、积极创造和开拓进取的精神。因此,创新活动也可称作创造实践活动。创造实践活动必须从学生的实际出发,力求创新,讲究实效。

创新活动重在"创新",它的含义包括:

形式新颖,富有新意,具有鲜明的时代气息。着眼未来,具有时代气息和开拓精神,是创新活动的指导思想。新颖的活动形式给学生带来新鲜感,能使学生产生积极参与的意愿,使他们的人生价值得到实现,树立远大的抱负和崇高的理想,用积极向前的进取精神去思考未来、想象未来,为未来更美好的生活而努力奋斗。

主题鲜明,针对性强,具有丰富的教育内容。要提出吸引人的、确实是大多数学生乐于探讨的新颖主题,激起受教育者的共鸣,使学生的思想和行为受到强烈影响,在思想政治教育上具有一定的广度和深度。

寓教于乐,生动活泼,为学生所喜闻乐见。要从学生的心理与生理特点出发,设计出各种能引起学生广泛兴趣的新颖、别致的活动。创设独特的教育情境,给学生以审美教育和美的享受,满足学生求新、求美、求乐、求异、探索未来的心理需要。

效果明显,讲究实际,符合学生思想道德教育规律。活动应注重启发受教育者的自觉性、积极性,强调知行统一的教育效果。活动的内容不能假、大、空,活动的形式也不能单调呆板,而应充分体现学生品德形成的规律,促进受教育者的自我教育。

（3）班级创新活动的方法

班集体应该有各种各样的活动,班级活动是班级教育的载体。班主任、辅导员要发动学生与教师一起为集体设计各项有意义的活动,这对于巩固和发展班集体、融洽师生感情、锻炼学生都是有益的。

要组织班级的创新活动,班主任、辅导员首先应该有创新的思路;其次要不断学习,不断接受新思想、树立新观念;最后要不断了解新形势,开辟新思路,探索新方法,提出新课题。总之,创造性地运用新的教育思想和教育规律是班主任、辅导员组织班级创新活动的最根本方法。

①抓住教育契机,使学生产生搞活动的兴趣。注意观察学生对一些事物的兴趣,抓住机会,将有意义的活动设想巧妙地暗示给学生,引起学生对活动的兴趣。学生有了兴趣,就有了参与活动的积极性,这样活动就成功了一半。

②寻找情感共鸣点,使活动产生动情效应。班主任、辅导员可以及时提出能引起学生情感共鸣的问题,巧妙地设置教育情境,使学生身临其境,在活动中思考,得到较深刻的思想道德情感体验,从而引起认识、情感和意志行为的较大变化。

③抓住基本教育点,使活动产生引导效果。每次的班级活动都应有明确的教育目的。通过学生喜闻乐见的活动形式,潜移默化地进行思想政治、道德品质和文明行为习惯的教育,促使学生树立正确的世界观、人生观、价值观和坚定的政治信念。

④选准突破口,使活动产生教育效应。教师可以把与学生思想生活联系最密切的内容作为活动主题,形成突破口,然后在活动中由浅入深,层层深化教育作用。

⑤发挥创造性,使活动产生创造效应。班主任、辅导员在设计班级创新活动时,要重视学生创造性思维的发挥。确定活动主题时,启发学生自己理顺思路;组织活动时,引导学生运用创造性思维的方法。

⑥切合不同年级、不同专业的特点,体现活动的针对性。不同年级、不同专业的学生有着不同的特点,也有着不同的认知程度和不同的兴趣爱好。班主任、辅导员在组织创新活动时,必须考虑这些特点,注意活动

的适应性。

6.班主任、辅导员在班级建设中的作用

一是多指导。班主任、辅导员应处处事事都做学生生活的指导教师,给学生讲道理、讲方法,帮助学生提高认识,教会学生良好的学习、工作、生活方法。

二是勤谈话。师生之间、学生之间开展多种形式的交流谈心活动。关心每一名学生的成长,建立学生成长档案。

三是详细记录。要让学生记日记、周记和班级日记,进行自我教育。班主任、辅导员要记录学生平时的行为和表现,并认真分析;谈话和讲话前都要认真思考一下,写一个提纲;每一个阶段、每一项事情、每一个活动都要写计划和总结。

四是敢树立。一是树立正气,压制邪气,既不能把违纪的学生一棍子打死,也不能放纵学生犯错误;二是树立信心,鼓励学生积极参加各种活动,勇于克服自己的不足,敢于面对各种挫折,提高自信心;三是树立榜样,让学生学有楷模。

五是及时奖励。要广泛宣传院、系对优秀学生的奖励政策,积极制定本班的各种奖励措施,鼓励学生争当先进。搞好综合素质测评,慎重处理违纪学生。认真做好学期末、学年末的各项评比工作,除院、系设立的各种评比项目外,班内可根据实际设立更多的评比项目,对每一名学生的每一方面成绩都进行表扬和奖励。表扬、批评、奖励、处分要及时。

六是培养骨干。骨干力量包括学生干部、入党积极分子和党员、有特长的学生、学习优秀生等,他们是班主任、辅导员的得力助手。对骨干分子要善于发现、使用和培养。

七是积极开展活动。活动是教育的载体,要让学生人人有事做,时时有事做,凡事认真做,做一些有意义的事情。经常开展一些有意义的活动让学生参与,在活动中提高要求,培养学生的自信心、责任心和实践能力。

# 第四章

## 新时期高校辅导员工作的热点与难点

辅导员工作过程中也会遇到工作困难,我们想要充分了解与认知辅导员工作,就需要对这些困难有所熟知。当前,随着社会的快速发展,在高校辅导员工作中往往会出现不同的热点与困难,本章就对这方面内容展开具体分析。

## 第一节　贫困大学生帮扶工作

对于家庭贫困的大学生,国家提供了多项贫困大学生帮扶项目,旨在帮助贫困大学生顺利完成学业。对于大学生资助管理而言,其工作内容也是复杂的,需要遵循一定的规则和章程。

### 一、学生资助管理概述

对学生资助具有重要的现实意义,需要遵循一定的原则,进而在具体的工作过程中才能真正帮扶到贫困的大学生。

（一）家庭经济困难学生资助工作的重要意义

1. 对家庭经济困难学生进行资助是国家扶贫工作的重要内容

目前，我国高校中存在着相当数量的家庭经济困难学生，家庭经济困难学生的问题是其家庭的贫困在学校的延伸和反映。做好学生资助工作，努力解决家庭经济困难学生问题，可以说是国家扶贫工作的重要一环。

高校家庭经济困难学生群体的形成有深刻的社会历史原因。首先，是自然地理环境的因素和经济发展不平衡造成的。我国地区差异极大，山区的自然条件落后于平原地区，内地和西部地区的经济落后于沿海地区，农民收入低于城镇居民收入，来自经济落后地区的家庭经济困难学生占高校贫困学生的绝大多数。[1] 其次，是家庭经济环境的原因。高校家庭经济困难学生中有些来自城镇下岗职工家庭、单亲家庭、伤残家庭、多子女家庭或其他低收入家庭，这些家庭往往因病致贫、因教致贫。最后，是由于国家政策的影响。因国家对教育的投入不足，教育成本向受教育者及其家庭转移，收费制度的变迁使得高校家庭经济困难学生大量出现。

2. 对家庭经济困难的学生进行资助是建设社会主义和谐社会的必然要求

社会主义和谐社会是社会主义的本质属性。我们要构建的社会主义和谐社会，应是各方面利益关系得到有效协调的社会，是社会公平和正义得到切实维护、人民群众安居乐业、生活安定有序的社会，教育公平又是社会公平的重要方面。让更多的人上大学，让更多的人上得起大学，尤其是确保家庭经济困难的学生都能顺利完成学业，不能因为家庭经济困难而终止学业，这是教育公平最有力的体现。

目前，高校家庭经济困难学生有增无减，数量巨大，他们的就学问题牵涉到千家万户。因此，高校辅导员要从体现社会公平、构建社会主义和谐社会的高度来充分认识做好家庭经济困难学生资助工作的重要性。

---

[1] 杨江水.高校辅导员工作专业化探索[M].北京：光明日报出版社，2008:119.

3. 对家庭经济困难的学生进行资助是拓展大学生思想政治教育的有效途径

思想政治教育既要教育人、引导人,又要关心人、帮助人。对于家庭经济困难大学生来说,能够顺利地上学、在校安心学习生活是他们的最大愿望,也是他们最急切需要解决的、最盼望解决的实际问题。因此,在辅导员工作中,应把学生资助工作作为开展思想政治教育的有效途径,把帮助家庭经济困难学生完成学业作为思想政治教育工作中非常重要的内容来抓,既要积极配合学校做好学生资助工作,保证没有一个学生因家庭经济困难而辍学,又要切实关心他们的成长和发展,把思想政治教育与他们的最迫切愿望结合起来,有计划、有步骤地为他们提供更好的成长和发展机会,从而更好地促进他们健康成长成才。

(二)我国高校资助政策的沿革

不同时期,我国政府对大学生资助的目标、范围、标准也有所不同。因此,每项资助政策都深深地镌刻着时代的烙印,都能反映政策制定和实施过程中的社会经济发展水平与价值取向。我国高校学生资助政策,根据社会发展不同时期培养不同人才规格的需要,大致可以分为以下四个阶段。

1. 1952—1983 年:免费加人民助学金

人民助学金从中华人民共和国成立初期开始实施,是对经济困难学生提供的一种经济资助。1952 年,我国高等院校全部改为公办,同年 7 月,国家先后颁布《关于调整高等学校及中等学校学生人民助学金的通知》和《关于调整全国各级各类学校教职工工资及学生人民助学金标准的通知》,在全国范围内确立了高等教育的免费加人民助学金制度,不仅全体大学生免交学杂费,而且全体大学生都能得到政府提供的人民助学金,全国统一标准。其后,人民助学金制度在实施的过程中共经历了三次调整变动。1955 年的调整包括调整人民助学金的发放地区标准和调整学生的资助范围两项内容。1955 年 2 月,国家颁布执行《关于制发 1955 年高等学校一般人民助学金分地区标准的通知》,规定根据全国不同地区的生活水平把全国划分为 10 类地区来提供人民助学金,部分地区的资助标准得以提高。从 1955 年 10 月开始实施的《全国高等学校一般学生人民助学金实施办法》,将助学金的发放范围从全体大学生缩小到部分大学生(高等师范院校除外):凡家庭富裕能自付生活费者,不发给助学金;凡能自费半数或1/3伙食费者,发给所缺部分;完全无力负担者,发给全部伙食费。1966年的调整内容是提高助学金资助标准和扩大受助学生的比例。根据我国经济状况好转的形势,1966年中共中央批准了高等教育部《关于提高高等学校学生伙食标准和相应提高助学金补助比例的请示报告》,规定高校学生伙食费每人每月增加3元,非师范高校学生资助比例从70%提高到75%左右。第三次调整是改革调干生的助学金。中华人民共和国成立初期,为了保障劳工大众的受教育权,根据国家批准,有关部门选拔了一批国家干部进入高等学校学习。他们中的大部分进入大学前都有工资收入或享受供给制,并且都有一定的家庭负担,因此他们在享受一般人民助学金的同时还享有调干生人民助学金。1957年颁布实施的《国务院关于调干助学金给高等教育部的补充通知》规定,从1957年起取消入学新生中的调干助学金待遇,并规定除原先在工农速成中学已享受调干助学金而考入高等学校者仍保留外,其他被录取的在职干部一律不再发给调干助学金。

2.1983—1987年:免费加人民助学金加人民奖学金

由于免费加人民助学金资助制度在长期的实践中演变成了平均主义的"大锅饭",并使高等教育成本过于沉重,反过来限制了高等教育的进一步发展。再者,1978年我国实行改革政策后,我国城乡居民收入大幅度提高,在一定程度上具备了支付学生一定生活费用或者学习费用的能力。鉴于此,国家对高校学生资助政策进行了修订,变成"免费加人民助学金加人民奖学金"政策。1983年7月11日,教育部与财政部联合发布《普通高等学校本、专科学生人民助学金暂行办法》和《普通高等学校本、专科学生人民奖学金试行办法》,规定在继续免学杂费的同时,把面向非师范生发放的人民助学金的范围从原来的75%降为60%,并增设"人民奖学金"。由于人民奖学金以"奖优"为目的,非常符合时代精神,同高校培养人才的目标更加一致,所以迅速得到了国家、社会、高校和师生们的一致认可。虽然人民奖学金所占比例还不是很高,但毕竟迈出了我国高校学生资助制度改革的第一步。

3.1987—1989 年：免费加人民奖学金加助学贷款

国家于 1983 年增设了人民奖学金,但人民助学金仍然占相当大的比例。随着经济的发展和教育规模的扩大,原先就存在着的人民助学金的弊端越来越大:国家高等教育的负担仍然沉重;平均主义的思想与做法使人民助学金的使用与学生的表现相脱节,不利于鼓励和调动广大学生奋发学习的积极性;评定人民助学金主要依据学生的家庭经济状况,而对其思想政治道德素质的考察比较少;不少地方和学校评定办法不合理,管理上存在混乱现象,使人民助学金"扶济贫困"的宗旨没有真正体现出来,降低了人民助学金的"济困效率"与针对性。所以,要求改革人民助学金的呼声越来越高。于是,1987 年国家颁布了《普通高等学校本、专科学生实行奖学金制度的办法》和《普通高等学校本、专科学生实行贷款制度的办法》,对资助政策进行了创新,决定在 1987 年入学的本科普通高等院校的新生中取消人民助学金制度,增加助学贷款制度(由政府提供无息贷款);对专科是否在 1987 年就实行奖学金和助学贷款制度,由各省(自治区、直辖市)人民政府和中央主管部门决定;奖学金和助学贷款的来源是从主管部门核给高等院校的经费中,按原助学金标准计算总额的 80% ~ 85% 转入奖贷基金账户。奖学金分为优秀学生奖学金、专业奖学金与定向奖学金。这时,我国高校学生资助制度变为"免费加人民奖学金加助学贷款"。

4.1989 年至今：收费与奖、贷、助、补、免等多种资助形式并存

1989 年是我国高等教育改革的重要一年。1989 年以前,国家对资助制度的改革都是在免费的原则下进行的,受教育者几乎不用承担任何成本,但回报十分高,这导致社会对高等教育的需求不断增加,而高等教育经费的严重不足导致高等教育规模不可能在短期内迅速扩大,必须要多方面多渠道筹措高等教育经费。因此,从 1989 年开始,我国采取了高等教育成本补偿政策,开始了对免费上大学政策的改革。1989 年,原国家教委、物价局和财政部联合颁布《关于普通高等学校收取学杂费和住宿费的规定》,宣布"国家计划招收的学生(除师范等)收取学杂费和住宿费"。1993 年,《中国教育改革和发展纲要》正式宣布:"收取非义务教育阶段学生学杂费",逐步建立多渠道筹措教育经费的投资体制。1994 年,国家在 37 所高校实行招生并轨改革试点。1997 年,全国高校

招生并轨完成,实行所有的学生都缴费上学的制度。至此,对高等教育进行成本的个人补偿成为中国高等教育投资的一个重要部分。实行上大学收费制后,学费大幅度上涨,许多家庭经济困难的学生已经无力支付学费,因无法缴纳学费不能入学或中途退学的情况开始出现。1993年7月26日,原国家教委、财政部颁发了《关于对高等学校生活特别困难学生进行资助的通知》,要求各高校"从'奖贷基金'或'专业奖学金'总金额中,按每人每月2元标准提取的困难补助经费,必须首先集中用于补助生活特别困难的学生"。同年8月27日,原国家教委、财政部又颁发了《关于进一步做好高等学校勤工助学工作意见的通知》,要求各高校指定必要人员和机构专门负责勤工助学工作,安排家庭经济特别困难的学生参加勤工助学活动。1994年,原国家教委和财政部共同颁布了《关于在普通高等学校设立勤工助学基金的通知》,规定各高校提取学杂费收入的5%设立"勤工助学基金",通过劳动,使家庭经济困难的学生,尤其是特困生得到有效资助,以完成学业。另外,中央财政向原国家教委主管的36所高校拨款1.5亿元专门作为勤工助学基金的启动经费,中央各部委和各省(自治区、直辖市)也相应拨款给所属高校,作为这些学校勤工助学基金的启动经费。

(三)我国高校现行资助体系

为了改革和加强师范教育,吸引优秀高中毕业生报考师范专业,鼓励优秀人才从教,鼓励更多的优秀青年终身做教育工作者,从根本上提高教师队伍的素质,培养造就大批德才兼备的优秀教师,从2007年起,国家对考入教育部直属的师范大学的学生实行师范生免费教育。免费教育师范生在校学习期间免缴学费、住宿费,并领取生活费补贴。实行师范生免费教育是新时期促进教育发展和教育公平的一项重大措施,有利于进一步形成尊师重教的浓厚氛围,使教师成为全社会最受尊重的职业,让教育成为全社会最受尊重的事业。

国家鼓励免费师范毕业生长期从事基础教育工作,并将到农村学校服务作为促进优秀教师成长的重要途径。免费教育师范生要签订服务协议,毕业后到基础教育战线工作十年以上。到城镇学校工作的免费师范毕业生,应先到农村义务教育学校任教服务二年。免费教育师范毕业生实行统一调配与双向选择相结合的就业政策。师范生毕业时通过双向选择落实工作岗位;未落实工作岗位的免费教育师范生由生源所在地教育行政部门统一安排工作。生源所在地省级政府将采取优先安排免费师范生和设立专项教师周转编制等办法,确保每一位毕业生有编有岗。免费教育师范毕业生在规定的服务期内,可在学校间流动或从事教育管理工作。免费教育师范应届毕业生经考核合格,可以录取为教育硕士专业学位研究生,服务期间,通过远程教育和假期集中面授等方式,在职学习专业课程,任教考核合格并通过论文答辩的,颁发硕士研究生毕业证书和教育硕士专业学位证书。工作业绩突出、学业特别优秀的还可继续攻读教育博士学位。有志从教并符合师范生条件的非师范专业优秀学生,入学两年内可按学校相关规定转入师范专业学习,享受师范生免费教育待遇。免费教育师范生可按学校规定在师范专业范围内申请调整专业。免费教育师范毕业生服务期满,享受国家关于引导和鼓励高校毕业生面向基层就业的各项优惠政策。

品学兼优的免费教育师范生,可以同时享受国家奖学金及学校、社会设立的各类奖学金,但不再同时享受国家励志奖学金、国家助学金。免费教育师范生毕业应履行国家义务;确有特殊原因不能履行协议的,须报经省级教育行政部门批准,否则视为违约。对违约者,要责令其偿还免除的学费、住宿费和发放的生活补助并缴纳违约金。

对于家庭经济困难的学生,高等学校还可以通过开设"绿色通道",减免学费,设立校内奖助学金,发放特殊困难补助等方式进行资助。

## 二、学生资助工作的基本原则

### (一)资助与育人相结合

首先,要加强对家庭经济困难学生的心理健康教育。家庭经济困难学生往往经受着经济困难和心理困惑的双重压力。一些学生由于家庭经济困难,在求学过程中长期面临很大的经济压力,性格比较内向和自卑,容易引发一些心理问题。一些家庭经济困难学生由于要花费大量课余时间参加勤工助学挣学费、生活费等,不同程度地影响到专业学习,很难取得很好的成绩,更难获得奖学金,进退两难的处境让这些学生更加困惑。由于以上种种原因,他们承受着更大的压力。学生资助工作者在工作中应有意识地帮助家庭经济困难学生树立科学的人生观,调整认知结构,正确认识贫困、理解现实,让他们懂得外界的资助是有限的,改变自身命运,更多的是要依靠自己的努力。同时,要大力加强心理健康教育,指导家庭经济困难学生提高心理自助能力,指导他们正确认识自己,寻找自我闪光点,确立"四自",即自尊、自信、自立、自强心理;引导家庭经济困难学生把贫困和苦难当作宝贵的财富,相信困难是暂时的,充分发挥自己坚强的毅力和吃苦耐劳的精神,不断完善自身,培养他们健康的心理素质、生活习惯和人际交往。这样通过经济资助与心理健康教育相结合,努力培养乐观向上、身心和谐、人格完善的阳光大学生。

其次,要加强对受助大学生的诚信教育,使经济资助与诚信教育相结合。在学生资助工作中要注重加强对学生的诚信教育,在助学金的申请过程中做到诚信申请,在"绿色通道"工作中做到诚信还款,在国家助学贷款过程中做到诚信还贷,培养他们正确的理想信念和高尚的道德情操。

(二)资助与勤工助学相结合

近年来,一些高校积极探索学生资助与勤工助学相结合的新方法,在学生资助工作中努力培养学生的创业意识,从以往的救助"输血"变成培养其生存技能的创业"造血",开创出一条大学生校园内勤工助学的新路子。例如,通过建立固定的勤工助学基地,为学生搭建一个创业的舞台,培养学生的创业意识,变"输血型"的资助为"造血型"的资助。武汉大学、上海交通大学、广东外语外贸大学、合肥工业大学等高校都在这方面进行了积极的尝试,取得了良好的效果。

### 三、学生资助管理的主要内容

(一)家庭经济困难学生的认定与建档

学生资助管理的第一步就是要确定工作的主体——学生资助的对象。由于国家和高等学校财力的原因,目前只能对家庭经济困难的学生进行资助。因此,首先必须对家庭经济困难的学生进行认定和建档,确定工作的主体,这样才能"好钢用在刀刃上",将有限的资金发挥最大的效用,切实保证国家的资助政策和措施真正落实到家庭经济困难学生身上。

但是,对家庭经济困难状况进行认定是学生资助工作中一个公认的难点。高等学校的学生来自全国各地,家庭条件千差万别,由于经济发展水平的差异,各个地方贫困家庭的标准也各不相同。高校开始只能依据当地民政部门、街道办事处或乡镇出具的家庭经济困难证明来确定。由于资助经费不是由当地政府出资,各地政府为了争取学校对本地学生的资助和支持,往往审查不严。因此仅仅凭一纸贫困证明来认定家庭经济困难学生是不行的。高校不可能也无法到学生家庭去逐个核实,更多地依据学生进校后的消费水平和生活表现来确定。为了争取并不多的资助名额,一些学生互相竞争。据报载,某高校为了所谓的公平、公开,采取简单的方式进行评审,即让家庭经济困难学生进行公开的演讲,然后投票选举家庭经济困难学生。一些家庭经济困难学生被迫在讲台上宣讲自己的痛苦家史和苦难经历。台上哽咽无语,台下哄堂大笑。殊不知,这是对家庭经济困难学生更大的心理折磨和精神煎熬。因此,设计一种科学的方式对家庭经济困难学生进行认定非常重要。

1. 成立家庭经济困难学生认定领导机构,指导认定建档工作

（1）认定工作领导

学校学生资助工作领导小组全面领导本校家庭经济困难学生的认定工作。学校学生资助管理机构具体负责组织和管理全校的认定工作。

（2）认定工作组

院系成立以分管家庭经济困难学生资助工作的院系领导为组长、学生辅导员和班主任等担任成员的认定工作组,负责认定的具体组织和审核工作。

（3）认定评议小组

以年级（或专业）为单位,成立以学生辅导员任组长,班主任、学生代表担任成员的认定评议小组,负责认定的民主评议工作。认定评议小组成员中,学生代表人数视年级（或专业）人数合理配置,应具有广泛的代表性。

2. 合理确定家庭经济困难学生的认定标准

高校应参照当地居民最低生活保障标准,确定本校的家庭经济困难学生认定标准。认定标准可设置一般困难、比较困难和特殊困难等 2～3 档。

3.规范家庭经济困难学生认定程序

家庭经济困难学生认定工作每学年进行一次。学校应制定严格的工作认定程序,认真部署每个学年的家庭经济困难学生认定工作。学校学生资助管理机构、院系认定工作组、年级(或专业)认定评议小组,按照各自的职能分工,认真、负责地共同完成认定工作。

家庭经济困难学生的认定,一般需要以下几个程序:本人申请、民主评议、院系评审、学校审定。这样才能切实把真正困难的学生评选出来,以便进行有效的资助。

(1)本人申请

需要申请认定家庭经济困难的学生须如实填写《高等学校家庭经济困难学生认定申请表》,详细向学校说明本人家庭的经济状况,以便学校列入资助计划。

(2)民主评议

认定评议小组根据学生提交的《高等学校家庭经济困难学生认定申请表》和《高等学校学生及家庭情况调查表》,综合考察学生家庭人均收入、学生日常消费行为以及影响其家庭经济状况的有关因素,认真进行评议,确定本年级(或班级)家庭经济困难学生的资助档次,并报院系认定工作组进行审核。

(3)院系评审

院系认定工作组要认真审核认定评议小组申报的初步评议结果。如有异议,应在征得认定评议小组意见后予以更正。院系认定工作组审核通过后,要将家庭经济困难学生的名单及档次以适当方式、在适当范围内公示,然后报学校资助管理机构。

(4)学校审定

学校学生资助管理机构负责汇总各院系审核通过的《家庭经济困难学生汇总表》报学校学生资助工作领导小组审批,并建立家庭经济困难学生信息档案,同时根据学校学生资助管理系统的要求进行审核管理以及数据库建设。

(二)国家资助项目的实施

国家资助项目是指由国家财政(包括中央财政和省级财政)出资设立的专门资助项目,包括国家奖学金、国家励志奖学金和国家助学金以及对教育部直属师范大学新招收的师范生实行免费教育等。国家资助项目的金额是国家根据各高校在校学生人数和生源地情况来确定的,一般对办学水平较高的高校、以农林水地矿油核等国家需要的特殊学科专业为主的高校予以适当倾斜。国家资助项目的实施一般分为以下三个阶段进行。

1. 制定国家奖助学金的评比管理办法

奖助学金的评审、管理办法既是实际操作部门评审的重要依据,更是一种政策导向,潜移默化地影响学生,引导学生向国家和社会要求的方向发展。因此,要根据国家相关文件和学校的实际情况进行助学金的评审、管理,组织学生进行学习,并进行广泛宣传。

2. 指导学生根据要求进行申报

学校按照各院系参评人数下达名额,并按国家规定向艰苦专业的学生适当倾斜。辅导员指导符合条件的学生根据奖助学金的基本条件进行申报,并认真填写各类申请表。

3. 学校依据相关文件进行评审、公示

学校学生资助管理机构要成立奖助学金评审小组,严格按照评审程序评选获奖学生。首先,院系奖助学金评审小组根据学校制定的国家奖助学金评审、管理办法对申请学生进行综合考评,依据考评结果和申请人的家庭经济状况确定初评名单,并将初评学生名单和申请表报送学校学生资助管理机构审核;学校学生资助管理机构组织审核院系报送的奖助学金推荐名单和材料,提出国家奖学金获奖学生建议名单,报学校审定,并至少公示一周,最后将国家奖助学金建议学生名单报全国学生资助管理中心确定。

(三)社会资助项目的实施

社会资助项目是指由社会团体、企事业单位和个人出资设立的专项资助项目。根据出资人的意愿和学校的实际情况或双方商定的方案组织实施。社会资助项目的实施一般分为以下四个阶段进行。

1. 签订资助协议和实施细则

为了保证社会资助项目的正常实施,规范管理社会资助项目,明确学校和捐赠方的责任和义务,社会捐赠项目往往要签订协议和相应的实施细则。协议书一般应包括但不限于以下内容:

（1）奖助金的对象或范围;

（2）奖助金的金额、标准、人数及设立期限;

（3）获奖或受助学生的条件及优先条件;

（4）奖助学金的发放和管理;

（5）获奖学生或受助学生的教育、管理和考核。

2. 奖助学金的申请、推荐和评审

奖助学金应当在参评对象里广泛宣传,使所有有资格的学生都有机会参加。鼓励所有的学生根据申请条件进行申报。在评审过程中,要坚持公开、公平、公正的原则,接受学生的监督。

3. 发放助学金

学校要根据捐赠方的意愿举行规模不等的奖助学金颁发仪式,对获奖学生进行表彰。奖助学金的发放适宜通过银行转账的方式发放,一般不宜采取现金发放的方式。

4. 学校或受助学生向捐赠方汇报和反馈助学金的发放、使用情况

奖助学金发放完毕后,要督促获奖学生或受助学生及时向捐赠方或其联系人反馈奖助学金的发放情况,并予以致谢。一方面,使捐赠方在第一时间知道捐赠款的走向;另一方面,也是为了加强对资助管理机构的监督。

（四）学校资助项目的实施

学校资助项目是指各高校按照国家有关规定从事业收入中足额提取一定比例的经费,用于学费减免、勤工助学、校内无息借款、校内奖助学金和特殊困难补助等,各高校根据学校的实际情况和项目的特点组织

实施。①

### 1. 学费减免

国家对公办全日制普通高校中家庭经济特别困难,无法缴纳学费的学生,特别是其中的孤残学生、少数民族学生及烈士子女、优抚家庭子女等,实行减免学费政策。有以下几种情形的学生大部分都可以享受此项政策。

（1）烈士子女及优抚家庭子女

一般来说,对家庭经济困难的烈士子女及优抚家庭子女应按规定减免其学费。比如,公安部、教育部、民政部联合颁布的《人民警察优抚对象及其子女教育优待暂行办法》就规定:烈士子女入学入托的,在同等条件下优先接收,在公办学校学习期间免交学费、杂费,对其中寄宿学生酌情给予生活补助。同时,各类优抚对象在同等条件下优先享受国家设立的各类奖学金、学校自行设立的奖学金以及社会各界出资设立的奖学金,优先享受国家提供的各项助学贷款,优先享受学校提供的困难补助和社会捐助,优先安排勤工助学岗位。

（2）"西部开发助学工程"受助学生

"西部开发助学工程"是为了配合国家实施西部大开发战略,帮助西部地区培养人才,由中央宣传部、中央精神文明建设指导委员会和教育部组织实施的专项助学工程。

（3）家庭经济特别困难的学生或者家庭遭遇重大自然灾害的学生

对一些家庭经济特别困难、无力足额缴纳学费的学生(如孤儿、残疾学生),可根据具体情况减免其学费。我国是一个自然灾害频发的国家,每年都有部分学生因家庭遭遇重大自然灾害导致无力缴纳学费,对他们给予困难补助、优先安排勤工助学岗位等资助的同时,也可减免其学费。

### 2. 勤工助学

学校应该按照国家的有关规定,每年从学校有关收入中提取一定比例的经费,设立勤工助学基金,专门用于勤工助学工作,主要用于支付校内勤工助学活动中学生的劳酬。学校勤工助学基金应实行专项管理,

---

① 杨江水.高校辅导员工作专业化探索[M].北京:光明日报出版社,2008: 134.

专款专用,不得随意挪用和挤占。学生勤工助学的劳酬应按时发放,不得拖延,并随时接受学校审计等有关部门的检查和监督。

3. "绿色通道"

为切实保证家庭经济困难学生顺利入学,教育部、国家发改委、财政部规定各公办全日制普通高等学校都必须建立"绿色通道"制度,即对被录取入学、家庭经济困难的新生,学校一律先办理入学手续,然后再根据核实后的情况,分别采取不同办法予以资助。

4. 困难补助

学校对遵守纪律,学习刻苦,在获得国家助学贷款后生活仍很困难或因突发事件导致经济困难的学生,可根据实际情况给予一次性特殊困难补助。一般有以下几种情形:学生家庭困难,又突然发生意外事件,导致经济来源受到很大影响,使其学习和生活必需的基本费用得不到保障;学生因伤病住院治疗,生活上需要加强调理,但家庭无力负担;当年进校的新生,因为家庭经济困难,缺少基本御寒过冬用品的;等等。

5. 校内奖助学金

为了促进学生全面发展,鼓励学生争取优秀、发展特长、开拓创新,引导学生在知识、能力、素质诸方面协调发展,培养适应社会主义现代化建设要求的高素质创新人才,高等学校都设立了金额不等的奖助学金对优秀的学生进行激励。

# 第二节　大学生思想政治教育工作

作为大学生思想政治教育的主阵地,高校思想政治教育贯穿于大学生生活、学习的全过程,以其针对性、渗透性、灵活性、集中性、多样性、参与性而成为大学生思想政治教育的基础性教育手段,在教育、引导大学生形成正确的世界观、人生观、价值观等方面发挥着重要而不可替代的作用,高校辅导员是开展大学生思想政治教育的骨干力量,对大学生的成长成才起着非常重要的作用。

## 一、思想政治教育概述

思想政治教育应有科学有效的机制,充分发挥党的思想、政治和组织优势,发挥共青团和学生组织的纽带作用,依托班级、社团组织,以理想信念教育为核心,深入进行世界观、人生观和价值观教育,以爱国主义为重点,深入弘扬民族精神教育,以基本道德规范教育为基础,深入开展公民道德教育,以大学生全面发展为目标,深入开展素质教育。

### (一)思想政治教育的内涵与外延

#### 1.思想政治教育的内涵

思想政治教育的宗旨是:教育大学生懂得人民是历史的创造者,树立为人民服务是最高价值追求和道德追求的思想,帮助和引导大学生树立人民观念;教育大学生了解党的性质和宗旨,党的历史和现状,懂得中国共产党是中国特色社会主义事业领导核心的深刻道理,树立听党话、跟党走的观念,帮助和引导大学生树立党的观念;教育大学生了解社会主义的过去、现在和未来,认清中国特色社会主义的光明前途,懂得只有社会主义才能救中国、才能发展中国的真理,积极为投身社会主义现代化建设做好思想、文化和知识准备,帮助和引导大学生树立社会主义观念。

思想政治教育的主要内容有:开展理想信念教育,引导大学生树立积极向上的世界观、人生观和价值观,树立社会主义核心价值体系,确立有中国特色社会主义的共同理想,引导大学生正确认识社会发展规律、国家的前途命运和自身的社会责任,将个人的发展同国家的发展结合起来,将个人的命运和国家的命运结合起来;开展爱国主义教育,引导大学生全面、正确认识中国的历史和现状,正确认识中国现阶段的国情和走中国特色社会主义道路的必然性和优越性,增强大学生的文化归属感和政治归属感,从心灵和精神层面引导大学生树立报效祖国的远大志向,掌握服务祖国的本领,引导学生在民族精神的层面上将爱国、爱党和爱校有机结合起来;开展公民道德教育,引导大学生树立"爱国守法、明礼诚信、团结友善、勤俭自强、敬业奉献"的观念,在实践中锻炼道德习惯,砥砺品行,深化、内化公民道德教育;开展新生入学教育,引导学生尽快稳定专业思想,树立正确的专业学习观,开展法规校纪教育,增强学生的自我管理意识,实现新生顺利转换角色,适应大学环境,融入大学氛围,尽快地走上正确的成才之路;开展形势政策教育,帮助学生认清国际大势、国内局势和政策态势,引导学生全面、准确理解认识党和国家的方针、路线和政策,激发学生的爱国热情,培养学生的时代精神和成才意识;开展心理健康教育,为学生提供更多更有针对性的建议,提高大学生自由、自主、自觉、自立、自强的意识,增强应对挑战、解决困难、化解矛盾的能力;开展文明离校教育,引导学生正确认识学业、专业、职业、事业和人生的关系,准确认识和把握自己的情况和社会的形势,掌握就业的相关政策方向,消除就业方面的困惑,避免就业心态的随意性、盲目性和短视。

### 2. 思想政治教育的外延

思想政治教育的主要途径有:建立大学生社会实践基地,深入开展社会实践,引导大学生走出校门,到基层去,到工农群众中去,到祖国最需要的地方去,教育大学生深入了解社会、熟悉国情,在实践中增长才干、锻炼毅力和培养品格,增强大学生的历史使命感和社会责任感;依托优良的校风、教风和学风,大力建设校园文化,开展丰富多彩、积极向上的学术、科技、体育、艺术和娱乐活动,结合传统节庆日、重大事件和开学典礼、毕业典礼,开展特色鲜明、吸引力强的主题教育活动,在校园文化中陶冶情操、涵养人格;依托网络平台,弘扬主旋律,在为大学生生活、学习提供服务的过程中,对大学生进行潜移默化的教育和引导,与线下思想政治教育形成合力。总之,思想政治教育应通过理论教育、社会实践、教育引导、行政管理和校园文化等多种途径,齐头并进,形成合力,营造氛围。

思想政治教育的主要方式有:解放思想,实事求是,与时俱进,以人为本,贴近实际、贴近生活、贴近学生,显性教育与隐性教育相结合,集中教育与个别教育相结合,教育学生与学生自我教育相结合,教育引导与行政管理相结合。总之,思想政治教育应采取多种方式,因地制宜,因材施教,增强吸引力、感染力和针对性、实效性。

（二）思想政治教育的重要意义

大学生是青年群体中的佼佼者，是十分宝贵的人才资源，是民族的希望和祖国的未来，因此，大学生思想政治教育非常重要，极具战略性。作为大学生思想政治教育的主阵地、重要教育方式和重要途径，思想政治教育旨在与思想政治理论课相配合，及时发现和解决大学生在思想、学习和生活等方面的问题，提高大学生各方面的素质，保证学生身心健康成长和学业的圆满完成，成为社会主义建设事业的合格建设者和可靠接班人，地位相当关键，意义非常重要。

1. 思想政治教育是大学生思想政治教育的重要教育方式

思想政治教育贯穿于大学生学习、生活和工作的始终，从入学教育、军训、实践教育到离校文明教育，从理想信念教育、民族精神教育、公民道德教育到素质教育，贯穿其中的是思想政治教育这条主线，因此思想政治教育具有全方位、全过程性。思想政治教育的内容或是从理想层面，或是从道德层面，或是从知识的层面，着力提高大学生的素质和能力，同时在奖惩评定过程中、重大节假日和纪念日、学生出现困难时、学生有意见和建议时、学生出现思想情绪时因人施教，因而具有较强的针对性。思想政治教育注重从学生学习、生活、工作的细处、微处入手，对学生进行潜移默化式的熏陶、感染和陶冶，因而具有较强的渗透性。思想政治教育注重在入学教育、形势政策教育、毕业教育等重要环节开展，同时注重通过报告、讲座、党支部活动等形式，因而具有较强的集中性。思想政治教育既有相对稳定的内容，也有与时俱进的部分，更有丰富多彩的形式、多样的内容、多样的载体，具有较强的多样性和灵活性。此外，思想政治教育离不开学生的参与，注重学生的自我教育、自我监督，调动学生的主动性和积极性，重视理论性和思辨性，具有较强的参与性。

全方位、全过程、针对性、渗透性、集中性、多样性、灵活性和参与性使思想政治教育能与时俱进，因地制宜，因材施教，因而是大学生思想政治理论教育的有力补充和深化，是大学生思想政治教育的重要教育方式。

2. 思想政治教育是实现思想政治教育工作目标的重要途径

思想政治教育注重理论结合实际，将马克思主义理论教育的发展历程同中国的发展结合起来,将理想信念教育与大学生的成长成才结合起来,将民族精神教育与中华民族的探索奋进结合起来,将公民道德教育与全面建设小康社会结合起来,将素质教育与大学生的科学成才结合起来,既有理论高度,又有实践深度,有助于思想政治教育的生动。

思想政治教育注重解决思想问题与解决实际问题相结合,将入学教育与专业教育结合起来,将心理健康教育与素质教育结合起来,将学生资助与艰苦奋斗教育结合起来,将解决具体问题与疏导学生思想结合起来,既联系了大学生的思想实际,又解决了大学生的实际问题,虚实结合,有助于思想政治教育的深化。

思想政治教育注重教育与管理相结合,将思想引导与行为管理结合起来,将爱国爱校教育与法规校纪教育结合起来,将学风建设与评先评优结合起来,将心理健康教育与事务管理结合起来,动之以情,晓之以理,有助于思想政治教育的升华。

思想政治教育注重显性教育与隐性教育相结合,将校园文化建设与素质教育相结合,将社会实践与理想信念教育相结合,将理论教育与典型教育相结合,将爱国主义教育与形势政策教育相结合,将诚信教育与公民道德教育结合,采取辩论会、报告会、社会实践等多种形式,主题鲜明而又贴近实际,内容丰富而又贴近学生,有助于思想政治教育的渗透。

思想政治教育注重外在教育与自我教育相结合,既发挥教师的引导作用,又发挥学生的主体作用,调动学生自我教育、自我管理、自我服务的积极性、主动性和创造性,既发挥辅导员的开导、疏导作用,又发挥学生组织、学生社团、学生活动的凝聚作用,激发学生的参与意识和主人翁精神,这种良性互动有助于思想政治教育的和谐。

## 二、思想政治教育的主要内容

（一）理想信念教育

### 1.理想信念教育的内涵

理想信念是一个政党治国理政的旗帜,是一个民族奋力前行的向导,也是青年奋发向上的动力。大学生的理想信念教育,是指通过有效的教育和深入实践,引导学生树立社会主义必胜的坚定信念,帮助青年学生认识人类社会发展的规律、认识自己的历史使命,逐步树立为人民服务的思想,自觉地贯彻执行党的路线、方针、政策,努力为社会主义事业奋斗。

2.理想信念教育的地位和作用

理想信念教育在大学生思想政治教育中居于核心地位,关系着大学生思想政治教育的全局和方向,关系着大学生的全面发展和成长成才,更关系着党和国家的前途命运。理想信念是灵魂、方向和动力,在大学生素质中居于主导地位,为大学生的人生发展提供持久的精神动力。大学生积极向上的生活态度、持之以恒的前进动力、高尚纯洁的道德情操和坚定正确的政治立场,均需理想信念的指引;理想信念教育还是探求真理、追求进步的巨大动力,是凝聚人心、艰苦奋斗的精神支柱,是战胜困难、夺取胜利的力量源泉,因此理想信念教育具有十分重要的作用。

3.理想信念教育面临的挑战及对策

理想信念教育是我国大学生思想政治教育的优良传统,曾在新中国教育和建设事业中发挥过巨大的作用。新中国培养的一批批大学生满怀革命豪情,成为社会主义建设的中坚力量。然而,在政治多极化、经济全球化、信息网络化、知识经济化、文化多元化的今天,中国发生了广泛而深刻的变革,这些交错的变革在增强大学生自强意识、创新意识、成才意识、创业意识的同时,也带来了不容忽视的负面影响,一些大学生不同程度地存在价值失落、价值扭曲、价值混乱等问题,大学生价值取向扭曲,理想信念淡薄,出现了理想失落、信仰危机、精神支柱倾斜等现象,给理想信念教育带来了严峻的挑战。

面临挑战,理想信念教育要与时俱进,顺势而为。在内容上,应从虚无缥缈的理论说教转向务实的社会生产实践;在途径上,应从说教转向现实生活,从简单的知识传授转向社会活动,注重培养青年的理想信念思维与实践能力;在方法上,注重渗透式教育、实践式教育和社会服务方法等,内容、途径和方法应与大学生身心发展和知识水平相适应,从大学生日常精神生活入手,运用网络现代信息技术,结合大学生对生活的理解、人生的感悟、社会的体验进行教育,提升理想信念教育的整体性和渗透性。

（二）民族精神教育

1. 民族精神教育的内涵

中华民族精神是中国各族人民在长期的社会实践和社会生活中逐步形成和发展起来的，是中华民族悠久历史文化的积淀、深化与升华，是以爱国主义为核心的团结统一、爱好和平、勤劳勇敢、自强不息的精神，集思想、价值、信仰、性格与心理品质于一体。大学生民族精神教育即通过系统的教育，引导大学生全面、正确认识中国的历史和现状，正确认识中国现阶段的国情和走中国特色社会主义道路的必然性和优越性，增强大学生的文化认同感和政治归属感，使民族精神化之于心，见之于行，成为大学生成长成才的精神支撑和强大动力。在此基础上，民族精神教育引导大学生在心灵和精神层面树立报效祖国的远大志向，承担起中华民族复兴的历史重任。

2. 民族精神教育的地位和作用

民族精神是强大的社会凝聚力，具有较强的社会整合功能和凝聚功效，是国家稳定和发展的精神基础，也是构建和谐社会的精神基础，地位十分重要。大学生是民族的希望、祖国的未来。大学生民族精神教育，是关系国家、民族生死存亡的根本大计，是增强综合国力的重要手段，是实现中华民族伟大复兴的内在需要，是大学生成长成才的强大动力，也是实现人才强国战略和科教兴国战略的重要支撑。开展以爱国主义为核心的民族精神教育，意义深远，功在千秋，必须高度重视。

3. 民族精神教育的途径和方法

（1）充分发挥思想政治教育的渗透作用

在思想政治教育中，深入开展传统文化和传统道德教育、革命传统教育、形势政策教育，让学生认识中华民族的过去、现在和未来，了解中华民族辉煌灿烂的文明。

（2）充分发挥大学生的主体性和积极性

根据学生的思想特点和成长规律，以多样化的群体组织、多样化的活动开展深入浅出的爱国主义教育，充分发挥学生在民族精神教育中的主体作用，激发学生的积极性和主动性，引导学生主动参与，积极配合，在参与的过程中培育和弘扬民族精神。

（3）充分发挥校园文化的陶冶功效

深度发掘现代中华民族的精神，用富有时代气息的鲜活精神来充实教育内容，熔丰富多彩的校园文化活动为一体，集传统文化教育、国情国史教育、现代社会公民意识、国家意识教育、中国特色社会主义建设精神教育、和谐宽容和志愿奉献精神教育、现代公民人格精神教育、人生价值和生命精神教育于一炉，激发大学生的爱国情感和报国志向。

（4）民族精神教育面临的挑战及对策

我国大学生有着优良的爱国传统，在关系民族生死存亡的关键时刻，高举爱国主义旗帜，发挥了民族脊梁的作用。时代的变迁给民族精神教育带来了严峻的挑战，民族精神教育的内容和形式均需与时俱进，宜审时度势，因势利导，在丰富教育内容的同时，丰富教育的形式，发挥学生的主体性，变"要我学"为"我要学"。同时利用发达的信息技术，引导学生关注国家和社会的发展，通过丰富多彩的校园文化和社会实践，提高大学生爱国的境界和水平，在知行合一中体会、体验爱国的真正含义。

（三）公民道德教育

1.关于品德

品德作为个体的道德素质，它是人格（个性）的一个侧面，一个组成部分，是人格中具有道德评价意义和处于核心地位的部分。正因为这样，人们在日常用语中常常把人格等同于品德。例如说某某人人格低下，实际上是说某某人品德低下。这是对人格的狭义理解。

2.品德结构

任何一种品德都包含一定的品德认识、品德情感、品德意志、品德习惯四种基本要素。品德认识是人对社会品德现象与品德行为规范的理解。品德情感是人在社会生活中，对别人或自己的行为是否符合自己已掌握的思想道德标准和思想道德需要而产生的内心体验。品德意志是指人在道德行为过程中所表现出的意志水平。品德习惯是一个人无需外在监督，以自己意志努力即可自动实现的思想道德行为。以上四种要素，构成一个人的品德结构系统。

品德结构的四种要素是互相联系、互相渗透、互相影响的。品德认识是品德情感、品德意志、品德行为及习惯的基础；品德情感影响品德认识的形成发展，并且与品德认识结合，构成品德行为的动机，调节品德行动。品德意志行为是品德认识与品德情感的具体表现，同时品德认识和品德情感又是在品德行为实践中形成和发展的。品德习惯则是在品德认识与品德情感、品德意志的支配和影响下，通过品德实践练习而成。品德习惯一经形成，便会引起相应的品德情感，而成为品德行为的动力。

品德结构是四种要素共同发生作用，互相结合、协调发展的过程。一个人的思想道德品质水平主要取决于这四种要素能否协调、和谐地发展。当然，四者各自的发展水平总是有差距的，是不平衡的。但是，如果差距太大，比例失调，就会造成品德结构上的缺陷，阻碍学生品德的健康发展，甚至形成不良品德。

### 3. 关于人格

人格，从心理学科的意义上讲，就是人的个性（personality），它是一个人的整个精神面貌，即具有一定倾向性的心理特征的总和。个性（人格）的结构是多层次、多侧面的，是由复杂的心理特征的独特结合所构成的整体。

### 4. 品德与人格的关系

品德与人格在形成过程中是相互依存的。品德是个人的道德品质，它是个人依据一定社会的道德原则和规范行动时所表现出来的稳固的心理特征和倾向。它是个体与外部环境相互作用的产物，离开了个体的气质、性格等人格因素，品德无法凭空产生。相反，没有相应的品德的形成，人格的形成就会失去方向和灵魂。因此，德育所要培养的品德就不能仅仅局限于反映社会意识的道德品质、政治品质和思想品质，还必须包含个性心理品质，如气质、性格和品德方面等。德育的核心作用在于塑造受教育者完善的人格。

### 5. 德育与大学生人格的形成

人格（个性）结构的诸因素中，气质主要是由遗传决定的，具有相对的稳定性，它处于人格形成的基础地位。性格则是以一定的气质为基础,在个体与外部环境相互作用过程中形成的稳定的态度和行为方式。性格处于人格的中心地位。德国哲学家康德早在18世纪就曾指出,德行只有在人格的准备下才能形成。因此,培养青少年的思想品德就不能仅仅着眼于社会意识的灌输,更要着眼于人格的培养,着眼于有效地促使社会主流影响与学生人格的融合。

（1）人格的培养

人格的形成过程,不是一种自然增长的过程,而是矛盾运动过程。人格内部诸因素之间以及个体与社会影响诸因素之间存在着纷繁复杂的矛盾。例如,有的学生在学校里被评为"劳动积极分子",而在家里却是什么活也不愿意干。为什么同样的学生,在不同的情况下会有完全不同的两种表现呢？客观地说,这还不是什么"双重人格",而是人格形成过程中内外诸因素之间矛盾的表现。学校对学生进行劳动教育,要求学生热爱劳动,积极参加劳动的学生会受到教师的表扬和同学的称赞,会获得荣誉。有些学生的家庭,家长只要求学生读书,从不要求学生劳动,不让他参加任何家务劳动,一切日常生活都由家长侍候。这样两种相互矛盾的影响同时作用于一个学生身上。在他还没有真正形成劳动观点和劳动习惯时,在学校为了得到教师和班级集体的赞扬,就积极参加劳动；回到家里,激发他争取表扬的外部条件不存在了,他对劳动自然就不积极了。这个事例说明,塑造学生完善的人格,必须深入细致地分析人格形成过程中内外诸因素的矛盾,有针对性地采取各种措施,促使矛盾向积极方面转化,也就是要促使学生自觉地接受和内化外部的积极影响。

人格的培养可以巩固已形成的品德心理特征,也可以改造或矫正不良品德。个体所形成的道德品质的好坏与稳定,是主观与客观、内部与外部等多种因素综合作用的结果。人格特征是其中一个重要的影响因素。如果一个人形成了积极的、良好的人格特征,那么他的言语举止、待人接物的形式就能为社会所接纳,为他人所欢迎。于是他的行为就对社会产生积极的、有意义的效果,在客观上,为其形成良好品德创造了优良的环境条件；在主观上,对其已形成的良好道德品质是一种强化,一种积极的反馈,这就可以达到巩固所形成的良好品德心理特征的效果。所以,个体的人格特征反映了一个人对人、对物、对社会的心理倾向。这种倾向性以及与之相应的行为方式在个体的社会生活中可以起到道德动机的作用,成为推动个体从事某种活动的动力。

（2）德育对人格形成的作用

影响人格形成的因素：一是外部环境（社会的影响、学校、家庭的培养教育）的作用；二是学生自我感知、自我教育的能力。人在与客体的交往过程中能逐渐认识自己、认识自己与客体的关系，并能据此对自己的思想行为进行自我观察、自我评价和自我调节。正因为人都具有这种自我意识和自我教育的特性，加之每个人的主观内心世界各有不同，因而每个学生都以自己的方式对待外部影响，或者持肯定态度，积极态度；或者持否定态度，抵制排斥；或者持中立态度，淡漠处之。

以上两个因素中第一个因素就是德育过程，而第二个因素自我教育能力的提高也是德育的结果，是进一步塑造人格的条件和内部动力。学生自我教育能力增长，就能提高他们的上进心和自律的能力，"择其善者而从之，其不善者而改之"。可见德育对人格形成与完善具有催化的作用。

同一年龄阶段学生人格的形成，既有共性，也有个体的独特性，而每一个个体又存在着不同发展阶段上的差异。由于人格形成过程中存在着这种变动性与差异性，所以，德育并不是机械地用同一个方式向所有的学生传播社会意识，而是要深入细致地分析受教育者矛盾的普遍性和特殊性，有针对性地进行工作。

从以上的分析中可以看出，德育的本质是教育者根据社会的要求，把一定的社会意识转化为受教育者的思想品德。德育是教育的一个有机组成部分，是首要的教育活动。德育培养的受教育者的品德包含反映社会意识的道德品质、政治品质和思想品质，也包含个性心理品质。因此，德育的实质是塑造人格。

（四）素质教育

1.素质教育的内涵和作用

在政治、经济、文化、科技、教育全面竞争日趋激烈的全球化时代，国民素质更加重要，肩负着国家未来和民族希望的大学生的素质更是重中之重，对大学生进行素质教育是大学生适应改革开放新时代的内在要求，亦是高等学校培养人才的重要使命，更是实现人的全面发展的终极追求。因此,素质教育具有基础性、战略性、系统性和开放性。[①]

### 2.素质教育的基本内容

身体素质和心理素质的和谐发展是大学生素质教育的基础内容。身心素质是大学生培养其他素质的根基,在大学生素质教育中,应开展因地制宜、因人而异的体育和心理健康教育活动,在具体的学习、实践中提高并完善大学生的身体素质和心理素质,使大学生具备适应外界环境、运动和抵抗疾病的能力,养成广泛的兴趣、积极的情绪、良好的人格和进取的精神,在此基础上,开展挫折教育,引导大学生在困难中成长,在挫折中成才,实现顺境成才,逆境也能成才,培养大学生经受困难和克服挫折的韧性和心态,增强大学生的心理承受能力,从容应对未来社会的各种挑战,提升大学生身心素质的强度和韧度。

专业素质是大学生适应未来社会的条件,也是大学生未来事业的基础和前提,代表着大学生素质的深度,良好的专业素质既是大学生素质教育的需要,也是社会发展日益精细化、高度分工的需要。科学文化素质则代表着大学生素质的高度和广度,包括自然科学教育和人文社会科学教育,旨在培养大学生的科学素质和人文素质,提升大学生的科学视野和人文关怀,在学习知识的同时学习方法,在学习方法的过程中领悟科学精神和人文精神,在培养精神的过程中形成求真、向善、至美的理想和追求。思想道德素质、专业素质和科学文化素质不可偏废,既应相辅相成,还要相得益彰,着力提升大学生素质的深度和厚度。

求知、做事、合作能力的综合提升是大学生素质教育的关键内容。求知、做事、合作诸项能力类似大学生素质的"程序"。求知是大学生能力的基本要求,包括学习知识、理解知识、分析知识、创造知识,这要求大学生既要掌握相应的方法,也要掌握相应的能力,形成相应的习惯。做事是大学生能力的另一要求,大学生既要会求知,也能动手操作,在复杂的条件和环境中运用知识和文化,发现问题、解决问题,提高实践的效率和效果。合作能力是大学生能力的重要内容,要求大学生既善于竞争,也敏于合作,求同存异,兼容并蓄,在竞争中合作,在合作中发展,既能独当一面,开拓局面,也能统领一方,开辟新局。

---

① 于满,孙硕.新时代高校辅导员学术科研之路[M].北京:北京理工大学出版社,2021:109.

3.素质教育面临的问题和对策

大学生素质教育面临着内在的问题和外在的挑战。受中小学"应试教育"的影响,教育的选拔功能得到强化,育人功能被弱化,在智育畸形、德育缺位、体育薄弱、美育苍白情况下成长起来的大学生强于应试,缺乏知识和文化,重视专业课,忽视通识课,重视分数,忽视方法方式的改进,公共意识淡薄,善于竞争,弱于合作,集体意识不强,团结协作意识不高,这些弊病在信息化、国际化的时代更显突出。具体表现为:身心素质不够和谐,思想道德素质不高,专业素质不强,科学文化素质缺乏,创造能力不足,知行多有脱节,实践能力亟待加强,合作意识亟待提高。

### 三、思想政治教育的关键环节

(一)入学教育

开展爱国爱校教育,激发成才动力。向新生介绍基本国情、形势政策,介绍学校的历史、现状、成就、地位和特色,邀请杰出校友、专家学者作报告,组织学生游览校园、熟悉环境。

开展专业教育,稳定学生专业思想。邀请专家学者介绍专业的现状、就业形势、教师队伍和专业前景,介绍专业的课程体系、课程设置、选课方式等内容,开展师生见面会、新老生交流会,引导学生了解专业、喜欢专业,稳定学生的专业思想。

开展法规校纪教育,规范学生管理。组织学生学习学校的规章制度尤其是与学生有关的规定,如学籍管理、成绩考核、奖惩等有关规定,加强安全教育,增强学生的自我保护能力和安全意识。

开展适应教育,引导学生适应新环境。开展生活适应指导、人际适应指导、学习适应指导、角色适应指导,引导新生正确认识自我、评价自我,处理好生活、人际交往、学习之间的关系,从容应对大学生活。

开展理想信念教育,树立精神支柱。加强科学理论教育和党的相关知识教育,开展形势政策教育和思想道德教育,引导学生树立正确的世界观、人生观和价值观,增强社会责任感和历史使命感。

（二）学生军训

1.学生军训的内涵和意义

大学生军训是高等教育的重要组成部分和学校国防教育的主要形式，是全面贯彻党的教育方针、推进素质教育、培养"有理想、有道德、有文化、有纪律"的社会主义合格建设者和可靠接班人的重要环节，是为国家培养高素质人才的战略举措，是富国强兵的一项基础工程，具有重要地位和意义。

军训有助于增强大学生的国防观念。大学生军训体现了国防教育与爱国主义、社会责任感与时代使命感教育的统一，能有效激发大学生报效祖国、振兴中华的社会责任感和承前启后、继往开来的历史使命感，帮助大学生体会"国家兴亡，匹夫有责""国无防不立，有国才有家"的道理，从而树立牢固的国防意识。

军训有利于强化大学生的爱国主义精神。爱国主义教育是素质教育的重要内容，也是国防教育的重要内容。集国情教育和军队优良传统教育为一体的军训，能有力激发大学生保卫祖国、建设祖国的爱国热情，加上斗志昂扬的训练更容易升华为爱国主义精神，进而有助于大学生树立为国奋斗的雄心壮志，产生当仁不让、舍我其谁的豪迈气概，坚定勤奋学习，用实际行动报效祖国的决心。

军训有助于培养大学生的综合素质。统一、严格、紧张、有序的军训，可以有效地培养大学生的集体主义和良好的组织纪律观念，培养大学生快节奏、高效率的作风以及文明礼貌的品质和良好的生活习惯，此外，军训坚强了大学生的意志，锻炼了大学生的身体素质和心理素质，有助于大学生树立正确的世界观、人生观和价值观，全面提高了学生的综合素质。十几年来的军训实践证明：军训集德、智、体、美、劳教育于一体，有效地培养了大学生的综合素质。学生军训是身体上、心理上、思想上、作风上的训练，有利于校园内形成积极、健康和良好的育人氛围，有助于改善学生的精神面貌，有利于加强校风、学风建设和维护学校的安定团结。

2.学生军训中的思想政治教育

有效组织、保障军训的顺利进行。采取灵活多样的训练方法，坚持训练和学习相结合,将严格的纪律贯穿于训练中,使学生在潜移默化中形成按章办事、令行禁止的作风;开展文艺演出、歌咏比赛、专题报告会等丰富多彩的活动,寓教于乐,寓教于训,增强学生的国防观念,引导学生尽快进入角色;在训练中,增强学生的集体荣誉感、竞争意识及团队意识,化解军训中学生出现的种种不适、消极情绪、心理压力和思想紧张。

总结提高,巩固军训的各项成果。在多种活动中进一步强化学生对军训的认识,把军训成果转化为学生的行动,激发学生的爱国情感和社会责任感,使其在军训中培养铁的纪律、良好的作风和坚强的意志品质,能够融入到军训之后的大学生活和学习中。

3. 学生军训面临的挑战和对策

随着时代的变迁,学生军训也面临着严峻的挑战,诸如军训内容不够现代,大学生参加军训的主动性和积极性有待加强,军训的长效机制有待形成,军训的效果不够明显深入。

针对上述挑战,应科学设置学生军训的内容体系,运用现代手段,综合运用广播、录音、录像,开发多媒体技术,增强军训内容的直观形象性,普及国防知识,提高国防意识,除了开展传统的列队、编队、阅兵、拉练、射击等教育与军事训练外,还要开展现代化的军事训练,组织学生观看现代战争录像片,进行案例分析,使学生了解现代战争的特点和趋势,同时加强对现代军事技术、世界军事形势走向等方面的介绍,增强大学生的国防意识和努力学习科学文化知识的紧迫感,促进大学生专业知识的学习,强化大学生的综合素质。

(三)文明离校教育

开展择业观教育,提升大学生的思想观念。通过课堂、讲座、辩论等活动开展深入浅出的择业观教育,引导学生正确认识就业、择业和创业的区别和联系,正确认识学业、职业、事业和人生的关系,消除拜金主义、享乐主义、攀比主义的不良影响,帮助学生树立正确的择业观,实现人生价值和社会价值的和谐统一,把国家的需要、社会的需要和个人的理想追求统一起来。

开展职业道德教育,提高大学生的思想修养。以思想道德和公民道德教育为基础,开展针对性的职业道德教育,引导学生正确认识道德与职业道德的关系,处理好道德原则、职业道德规范、职业道德行为之间的关系,帮助学生树立爱岗敬业、诚实守信、公正无私、热心服务、乐于奉献等良好品德。

开展能力素质教育,提高大学生的业务技能。根据不同专业、不同年级的特点,开展多种形式的能力素质教育,在校园文化活动和社会实践活动中,提高大学生的听、说、读、写能力,锻炼大学生沟通、协调、组织、管理、领导、设计的能力,培养大学生的竞争、合作的意识和能力,鼓励大学生在学好专业的同时拓宽视野,充实自身的科学素质和人文素质,成为宽口径、厚基础、高素质、强能力的综合性创新型人才。

开展就业指导,提高大学生的择业技能。加强就业指导,帮助学生了解国家和地方相关的就业政策和相关措施,减少择业的盲目性和心理困惑,通过模拟招聘、个别辅导等活动,有针对性地提高大学生的择业技巧,减少大学生就业的随意性和空想性,增强大学生择业的自信心,增强大学生就业成功率和满意度。

结合理想信念教育开展文明离校教育。理想信念教育与文明离校教育是相辅相成的,开展深入浅出的理想信念教育,帮助大学生树立正确的世界观、人生观、价值观,正确处理知与行、德与才之间的关系,充分发挥理想信念教育的动力和导向作用,引导学生树立远大理想,立志报效祖国,提升为人、为事的境界、水平和层次,提升文明离校教育的战略性,增强文明离校教育的效果。

结合形势政策教育开展文明离校教育。形势政策教育与文明离校教育息息相关,开展及时透彻的形势政策教育,帮助大学生了解国内外经济、政治局势,了解国际、国内、社会的人才需求走向和趋势,了解国家、地方的就业政策,充分发挥形势政策教育的时代性和方向性,激发学生的爱国热情和报国志向。

结合专业教育开展文明离校教育。专业教育与文明离校教育紧密联系,开展专业教育,让学生真正热爱自己的专业,对专业的发展和前景充满希望和信心,增强学习的自觉性和主动性,形成良好的知识结构、扎实的专业基础和过硬的专业技能,做到专业内部的融会贯通和相关专业及知识的触类旁通,专兼结合,继承与创新结合,选择合适的职业,增强离校文明教育的针对性。

结合示范教育开展文明离校教育。充分发挥榜样的感染启发作用,邀请杰出校友、企业家来校作报告,用优秀毕业生的现身说法启迪、感动大学生,引导大学生积极探索,勇于实践,敢于拼搏,树立正确的择业观、事业观和利益观。

结合社会实践开展文明离校教育。社会实践是学生熟悉社会、了解国情、联系实际的好机会,鼓励学生开展丰富多彩的社会实践,使学生找到自身的长处和不足,增强自信心,克服自卑情绪,正确地看待社会,准确地认识自己,从而提高完善自我,为适应社会打下良好的伏笔。

# 第三节　大学生网络文明教育工作

今日的网络,不仅结合了科技,更连接了人类、组织和社会,网络的深远影响早已突破了单纯的技术藩篱,在对个人、组织,乃至整个人类社会的深刻变革中,网络日渐创造了其在人文层面上的巨大成功,被称为继报纸、广播、电视之后的"第四媒体",并广泛应用于教育、金融、媒体、通信、娱乐等社会生活的各个领域。同时,伴随着互联网应用的普及,这一层面所涉及的网络立法、网络道德、网络安全等问题也日益浮出水面,引起我们对于网络巨大成功背后的反思,以及呼吁建立网络文明、建设和谐网络环境的探索。

## 一、学生网络文明教育概述

当前大学生处于网络环境下,每日都会利用网络展开娱乐与学习,因而十分有必要对大学生展开网络文明教育,帮助他们认识到网络中的一些合法行为与违法行为,从而让他们在网络中展开文明学习。

### (一)网络的概念

从 1969 年美国军用实验阿帕网的诞生,到今天信息时代联通中西、贯穿南北的全球互联网,人们见证了多年来网络的孕育和高速发展。1994 年年底,经历了教育科研中的开发应用,以及商业化的历史性飞跃之后,因特网已成为连接 150 个国家和地区,拥有 3 万个子网,320 多万台计算机主机和遍布全球的 3500 万直接用户的计算机系统。这个从技术角度所下的定义至少揭示了因特网以下几个方面的特征。

第一，全球规模性。作为一种分布式网络，因特网不存在等级上的中央控制和范围上的封闭界限，它是属于全人类的。

第二，网址唯一性。因特网上每一台主机都有一个唯一而明确的网址作为区别于另一台主机的标志，而且不存在同名现象。

第三，规则统一性。网络上的所有电脑都必须按照共同的 TCP/IP 协议连接并通信。

第四，功能服务型。网络的所有这些技术特征决定了对于网络的功能来说只是与完全的信息服务有关，而与信息控制无关。

以上所述仅仅是技术层面上的网络概念，但是，网络又不纯粹是一个技术概念，在当代，它还是一个更为广泛的社会文化概念。网络不仅是一种计算机和通信技术结合而形成的技术集合体，更是当代社会中的一个至关重要的结构功能实体，它包含了一整套新型的技术、制度乃至社会价值观念、道德评判等。

（二）网络文明教育的重要意义

1. 网络文明的现状

网络与大学生的成长之间的相互关系显现出以下特点：一是网络与大学生成长之间的关系日益密切。大多数学生把"网络"作为获取信息的主要渠道，网络融入其日常生活，成为他们表达思想、交流感情的重要场所和生活中不可或缺的组成部分。二是大学生对网络的利用能力在逐步提高，面对虚拟的网络世界，大多数学生能保持清醒的判断，绝大多数学生反对"沉溺网络""利用网络和手机发布不负责任的信息"等不良行为。大学生上网的主要目的中，"学习和查找资料"占 85.3%；"了解新闻"占 61.6%。也有相当一部分学生上网的主要目的是"聊天交友"和"玩游戏"，分别占 46.5% 和 16.2%。三是部分高校周边网吧密集，严重影响了在校大学生的学习生活。作为网络冲浪的生力军，好奇心极强的大学生受到了比书本知识更加广泛和强烈的互联网信息的冲击。

2. 引导学生健康上网

生活中，网络给大学生带来的负面影响非常突出，学生上网出事屡见不鲜,如一些怀有投机心理的大学生在网上购买四、六级考试卷。大多数家长和教师对学生上网担心多于放心,有的家长和学校教师干脆禁止学生上网。

## 二、学生网络文明教育的主要内容

### (一)网络文明与网络道德

#### 1. 网络道德是网络文明建设的重要内容

网络道德同社会主义社会公德是有机统一的,二者既互相交叉又有所区别。

一方面,网络道德丰富和发展了社会公德的内容。传统的社会公德只是存在于现实生活中的人与人之间,彼此之间可以真真切切地感受到,同时相当一部分社会公德准则都只限于一定的地域和领域。这种由于彼此熟悉、人际关系娴熟而建立起来的社会公德易于得到社会个体的认同,也易于遵守与监督,从而形成潜在的道德自律。而网络的出现给传统的社会公德提出了新的约束领域。网络基于自身的虚拟性,使用主体可以跨地域、长距离地与不同主体进行交流,需要网民具有更强的网络道德自律性,以发挥道德的约束作用。一旦使用者为了满足自身利益置网络道德准则于不顾,那么网络道德准则也就荡然无存。因此,网络文明不可能像社会公德一样利用群众雪亮的眼睛进行监督。[①]

另一方面,社会公德也将促进网络道德的形成和发展。尽管网络世界是虚拟世界,网民可以用匿名的、虚假的、多重的身份进行交流,但是透过网络的虚拟世界,网络文明的本质关系仍然是现实中的人与人之间的关系,只不过这种人际关系是开放的、多元的。网络参与者通过彼此间利益的博弈,就会形成遵循一定网络道德准则的共识,以求实现自身的利益。因此,我们可以将社会公德准则移植于网络文明中,以促进网络文明建设。

此外,我们可以充分借助原有的社会公德教育模式,继续将社会主义荣辱观作为网络道德和网络文明建设的核心内容,大力宣传网络文明的先进典型,曝光不文明的网上行为,形成多方参与的网络文明建设长

---

① 吴巧慧.高校辅导员标准研究 [M].北京: 北京交通大学出版社, 2017: 116.

效机制,不断繁荣网络文明。

**2. 以网络道德为重点,实施学生网络文明教育**

大学生作为我国网民结构的重要主体,校园网络也相应成为网络文明建设的重要阵地。

首先,在校园实施以网络道德建设为重点的网络文明建设,要进行正确的网络观教育。行为是思想的反映,行为受思想控制,有什么样的网络观也就有什么样的行为。在自由的网络社会里,面对日新月异的信息和资源,网民形成了形形色色的网络观。部分学生对网络黑客、不文明行为的认识存在偏差,崇拜黑客,把制造电脑病毒、破坏他人电脑系统当作宣扬和炫耀自己"才华"的表现。因此,树立正确的网络观,对学生网络文明教育大有裨益。

其次,实施以网络道德为重点的学生网络文明建设,还应该对学生进行爱国主义和社会主义教育。网络时代信息高速公路的畅通,为不同社会意识形态和思想文化的传播和扩张大开方便之门,对网民传统的道德认知形成冲击。现在网络间谍已经成为公开秘密了,某些别有用心的国家,利用互联网窃取别国机密,破坏别国安全。同时利用网络进行意识形态输出、渗透,对别国实施和平演变策略,利用所谓的"人权、民主、自由"等问题对我国进行攻击、诋毁,企图侵蚀社会主义的意识形态。而在国内,有些人禁不住诱惑,出卖国家机密,损害国家利益,在网上抹黑社会主义制度,鼓吹资本主义意识形态。网络世界已经成为现代人生活的一部分,也将整个世界紧密地联系在一起,对学生的爱国主义和社会主义教育的触角也应该伸到网络的世界中去。因此,在提倡尊重社会个体网络行为自由的同时,必须对广大学生展开爱国主义和社会主义教育,同时可以充分利用网络载体本身的传播优势,丰富教育内容和教育形式,提高教育水平和效益。

**(二)网络文明与法制建设**

**1. 网络文明促进社会法制,社会法制规范网络文明**

虽然网络是一个虚拟世界,但它的存在和发展如同现实社会一样,需要基本秩序来保障。建立和扩展网络生存和发展需要的基本秩序环境,单靠网络道德的力量是不够的,还必须用法制来保证。尽管网络法制和网络道德都以网民之间的各种关系为调节对象,但网络道德是以网民的道德自律为基础和前提的,通过社会舆论、传统习惯和人自身的信念发挥其约束作用,缺乏网络法制所具有的强制性;而网络法制则强制要求网民遵守一定的法律法规,规定人"不可以怎样做"的范围,并明确地规定了相互之间的权利与义务。

网络文明促进社会法制的完善表现在两个方面。一方面,网络文明建设对网络法制建设提出了需要。网络文明建设需要有相应的法律法规保驾护航,疏通路途。网络具有与生俱来的全球性、无国界性的特点,这就必然决定和要求网络行为的全球化和国际化。网络空间中各种活动基本上是处于同一环境下的,其影响是国际性的。为了共同建立和维护网络空间良好、稳定、公平的秩序,迫切需要建立适应网络发展的统一规则。另一方面,网络文明建设有助于提高网民的法制意识。随着网民对网络文明建设的认识不断深入,对网络法制重要性的认识逐步提高,网民在网络立法和实践中的参与意识、维护意识今非昔比。针对部分学生在使用网络过程中不知法、不懂法的现象,网络法制教育应着重引导大学生以遵纪守法为荣,引导他们对有关网络法律问题进行思考,提高他们对自己的网络行为的责任感和认知度。只有建设网络文明,加强学生的网络法制教育,提高他们的自律意识,才能使大学生这群"上网一族"的网上行为得到规范,从而净化网络环境,减少网络违法犯罪,使网络在构建和谐社会中发挥其无可替代的积极作用。

完备的网络法制有助于规范网络文明。网络法制通过规范和网络有关的各种行为,即保护网络合法行为和制裁网络违法行为来维护行为主体的合法权利。同时,网络法制为人们提供了基本的、确切的网络行为模式,通过对主体权利义务的规定,引导人们在以网络为平台的活动中做出正确的行为选择,以保证网络空间良好的秩序以及主体合法权利的实现。网络法制能够平衡和协调个人自由与社会公共利益之间的矛盾,规范人们的网络行为,对个体的自由加以适当限制,寻求其与包括国家利益在内的社会公共利益之间的平衡点,并在最大限度上促进网络的互联和信息共享,在充分发挥网络之潜能的同时,建立良好的网络空间秩序,促进个人利益、社会公共利益和国家利益的实现。完备的网络法制可以规范网络行为,制裁那些攻击人民民主专政、社会主义制度、破坏民族团结等危害国家安全内容的网络犯罪行为,对打击封建迷信、淫秽色情、教唆犯罪等危害社会治安的网络信息提供有力的法律依据,从而提高网络文明水平,推动社会整体的良性运行和协调发展。

2. 加强网络法制建设,提高学生网络文明教育水平

信息时代,人们通过互联网进行电子交易、资料查询、网上购物、远程教学、机票订购等活动,互联网已经成为日常生活中不可缺少的一部分。网络的规范化和法制化,已成为网络发展的必然趋势。完善的网络法制是保护网络的安全稳定、正常使用及预防网络犯罪的有力保证,对于国家经济的发展、人民生活质量的提高有着至关重要的作用,所以对互联网的规范才显得尤为重要。

为了更加有效地利用计算机网络打击计算机犯罪,目前,世界各国都出台了一系列法律、法规,以规范人们的网上行为。这些法律法规都为我国的信息化建设奠定了法制基础。但是我国目前并没有统一规范的网络立法,有的只是一些法律法规在各自领域内对某些局部问题所做的回应。同时,我们还应当看到,目前我国关于互联网的法律规范仍不完善。而且,我国制定的网络法律的国际化程度较低。尽管法律是统治阶级意志的体现,但是网络是国际化程度最高的新事物,只有加强与其他国家的合作,制定普遍使用的网络法律,才能更有效地打击网络犯罪。

(三)网络文明与个人成长

1. 开展学生网络文明共识教育

许多数据表明,大学生普遍上网,是"网民"比例最高的一个群体,掌握网络技术已成为21世纪大学生必须具备的一项素质。然而,一些大学生对网络黑客、不文明行为的法律认识存在偏差,有的竟崇拜黑客,把制造电脑病毒、破坏他人电脑系统当作宣扬和炫耀自己"才华"的表现,更有甚者在网络上恶意攻击诽谤谩骂,传播非法信息,制造、传播网络病毒,攻击、破坏网站,侵犯他人隐私等,迫切需要正确的教育和引导。

网络社会的"虚拟"并不意味着"虚无",网络不仅仅承载着普通的聊天、游戏功能,而且还承载着商务交往和远程办公自动化系统。

### 2.网络文明建设促进大学生素质全面提高

网络文明建设可以完善学生知识结构。网络信息量大，交流速度快，自由度强，能在全球范围内实现资源共享，为青年学生提供多元文化交流的物质载体，从而拓展大学生获取资料和信息的渠道，为青年学生个人素质的全面提高提供了新的学习途径。网络的双向或多向信息传递方式，使得学生可以独立地参与讨论，主动获取各种信息资源，进而充分发展其学习能动性，促进创新能力的培养和自主意识的加强。网络为大学生的个人修养提供更多的完善机会，并引起大学生思维方式、价值观念的深刻变革，这在增强大学生认识和改造世界的能力，激发大学生创新知识、探索未知念头的同时，也将有利于大学生自主意识的增强。

网络不文明行为引发的各类问题均涉及道德教育与责任教育，如黑客行为、网上侵权行为、不负责任地乱说乱贴等，对学生影响很大，极易产生道德失范行为，破坏新时期大学生的人格养成。进行网络文明建设，提高网络道德认识，增强网络法制责任感，有助于增强大学生抵御网络不良内容侵害的能力。

随着生活节奏的加快，现代人越来越重视心理健康在人的全面发展中所起的重要作用。心理健康对大学生的人生观、价值观的形成，健全人格的塑造，身心的全面发展有着重要作用。当代大学生大多数是独生子女，成长在生活条件比较优越的环境中，人际交往能力、处世能力和经受挫折的能力较弱，导致许多学生沉溺于网络的虚拟世界中，希望在网络中寻找安慰，打发空闲无聊的时光，或者在网络中发泄自己，宣泄情绪。如何调适虚拟世界和现实之间的差距，也就理所当然成为网络文明建设的内容之一了。进行网络文明建设，提高大学生文明共识，正确看待网络世界，使大学生在网络交往过程中，主动、独立地做出判断和选择，自主进行思考和评价，形成独立意识，为大学生独立人格的发展提供契机。

### 三、大学生网络文明教育形式

历史上的教育家十分重视道德教育，他们或通过实践和言论，或通过著书立说，提出了许多优秀的理论方法，如环境熏陶法、言传身教法、迎头棒喝法、感化教育法等。在前人的基础上，今天的教育理论工作者提出了自己的道德教育方法。然而,虚拟网络社会的道德与现实社会道德有着本质的不同,其道德教育的方法需要有所借鉴与创新。根据网络社会道德的状况、特点和性质以及道德教育的一般过程和规律,以下几种道德教育的方法在网络社会应予以重视。

（一）立体、多面、交互式的网络道德教育

首先,充分发挥家庭教育的作用,以网络环境的新视角来重新诠释家庭教育的内涵。人们以往都倾向于把家庭教育作为学校教育的补充,但网络环境的变化正使家庭教育的职能发生改变——由学校道德教育的"配角"变成网络环境下社会道德教育的"主角"。随着家用电脑的普及,家庭正在成为学生接触网络最便捷、时间最长的场所。由于场所的固定性,家长往往忽略对孩子上网冲浪"方向"的把握,加之网络技能的缺乏和对网络的认识不够全面,许多家长往往产生孩子在家里上网是最安全的这样一种错觉。家长网络知识的缺乏不仅直接影响到对学生家庭网络活动的监管,同时,因缺少共同语言,他们也难以在网络道德教育问题上与孩子形成良好的代际交流,从而无法与孩子形成融洽的关系,也很难和孩子进行有效的沟通,自然也就谈不上为孩子提供有效的支持与帮助。

其次,注重网络教育与其他社会教育内容的结合。在其他的社会教育内容中,公民道德教育和青春期教育在内容上与网络道德教育之间有很强的互补性。从总体上看,公民教育是社会网络道德教育的基础,培养合格的社会公民是道德教育的最基本目标。社会网络德育中所推崇的自律道德人格和所倡导的"慎独"境界,不仅是网络环境走上良性发展轨道的基础,而且是公民道德发展的最佳境界。把网络道德教育的内容写入公民道德教育,可以丰富和充实公民道德教育内容,使其更具有时代特点。同时,也使社会网络德育的目标在公民教育中得到体现和细化。

最后,建立社会网络德育的社会支持与辅助系统。社会网络德育不同于学校道德教育的另一个显著特点,在于社会的网络道德教育必须充分调动社会各个阶层教育力量的广泛参与。网络的社会道德教育除了要有正规的社会教育机构参与之外,还必须有社区和公共服务机构的协作与支持。其中,专业化的心理辅导与心理危机求助热线可以起到更重要的作用。社会支持和辅助系统的一个重要组成部分,就是面向社会的心理咨询机构和心理危机的求助体系。虽然社会上已经有许多心理咨询机构,但这些机构都属于一般性的心理咨询机构,到目前为止,国内尚没有专门的以网络环境下大学生心理问题为干预对象的专业咨询机构。随着因网络活动而引发的大学生心理问题的增多,社会和学校对专门的心理辅导和咨询机构的需求也在增加。一方面网络交往的虚拟性引发了大学生个性发展中的一系列问题,角色混乱、人际疏远、道德情感冷漠等势必以直接或间接的方式影响大学生道德人格的成长;另一方面,网络多元文化的冲击使个体经常处于矛盾的、相互冲突的道德选择中,对人格的成长造成强大的挤压和扭曲。此外,不良的网络习惯也诱发了一些轻度的变态反应和行为,如网络依赖和上网成瘾等。因此,建立专门的、以网络活动为干预对象的心理咨询机构已势在必行。随着大学生网络活动的增加和网络环境的日益复杂化,大学生将面临更多的内心冲突与心理困扰,他们也迫切需要得到一些安全可信、具有专业性和针对性的心理辅导方面的帮助。

除了建立以接待来访者的形式提供心理帮助的正规咨询机构以外,也可以充分利用现有网络资源建立专门的网络心理辅导网站,为大学生解疑释惑,帮助他们解决在网络活动中产生的各种心理问题。另外,也可尝试设立网络心理危机的紧急救助热线,及时排解大学生在网络活动中发生的心理危机。尽管心理咨询和道德教育在理论上不属同一层面,其个别的咨询原则同道德教育的原则尚不乏抵制之处,但是心理咨询的一切工作以来访者为中心,是与德育工作的基本要求相一致的,况且心理问题的解决本身就能为良好道德人格的培养打下坚实的基础,也是在网络社会德育过程正确处理"德育"与"心育"关系的集中体现。由于大学生强烈的好奇心和求知欲以及网络本身所具有的自由、开放的特性,我们没有办法、也不可能将大学生同网络这个"潘多拉魔盒"相隔离。他们要试探着以各种方式打开并进入网络这个魔盒,这是时代发展的必然。政府和社会无论是从道德教育的角度,还是从社会责任的视阈,都有责任在大学生触及这个魔盒以前,详尽告知他们盒子里装的是什么东西以及打开这个魔盒后所面临的后果,教会他们在泥沙俱下、良莠不齐的网络里学会辨别和选择。我们的社会和政府更有责任和义务保证当大学生暴露在这些病毒和魔幻面前时,无论是在心理上还是道德上,他们都已经形成强大的抵抗力和免疫力。

另外,加强大学生性教育可以在一定程度上缓解网上色情信息对大学生的冲击,采取专业网站和热线电话的方式解答大学生所遇到的与性相关的生理和心理上的困惑,消除他们因网络影响出现的性观念和认识上的混乱。

(二)关注社会环境,培养良好社会风气

国家和社会是否有有力的网络管理机制,互联网及相关事业的发展是否有序,是关系到每个大学生成长的事,没有人独立于社会环境而存在。自从互联网诞生以来,网络犯罪就成为网络发展的伴生物。网络犯罪蔓延迅速,涉及面广,隐蔽性强,危害性大,已经成为网络社会的一颗毒瘤。现在我们国家正在组织有关方面加大对网络的管理力度,加大对犯罪的打击力度,各种措施相继出台。我们要引导和规范相结合,使孩子养成良好的用"脑"和上网习惯,使其有防范意识,认清现实生活和网络世界的区别,培养他们的网络道德意识。

社会风气会对人的心理和行为起最终的影响决定作用。网络社会大量违规和犯罪行为的发生,其社会方面的深层原因是社会风气不够好。培养一种良好的社会风气,让人们在这个氛围中相互激励、感染、监督和指正,整个社会就能有更快的进步、有更快的发展,就能让真善美得到赞誉和发扬,假恶丑得到斥责和抑制,从而促使人们自觉地去恶扬善。一种社会风气和在这种风气中形成的心理、行为习惯、风俗等都能深刻地影响人的行为心理,有一种深深的印刻作用,受过"雷锋精神"感染的一代至今都会为其所鼓舞。良好的社会风气是一种榜样,是一种熏陶,是一种优良的心理环境。它的影响是全方位的,是深刻而持久的。

(三)具体问题具体分析,培养网际德行

网络问题的关键不在网络本身,而在使用网络的有思想、有意识的大学生。没有规矩不成方圆。若期望大学生能成为一个好的"网民",必须首先让他知道一个好网民的标准是什么,他应遵守什么样的网络道德规范。学校在对学生进行计算机技术教育的同时,也应担负起相应的网络德育职责。

除了加强现实道德的规范教育外,我们还应对大学生个体加强网际德行的培养。"网际德行"是指人们在网际交往中应该具有的道德品质,如诚信、公正、平等、责任感等。应该说,网络生活是现实生活的延伸:"网际德行"源于"现实德行",又不完全等同于"现实德行"。在网络环境中也存在着被公认的网络伦理规范。比如,第一,在虚拟生活中,遵守你在真实生活中所依照的标准;第二,知晓你处于网络空间的何处以及令自己表现良好、尊重他人隐私,不要滥用你的权利、要宽容他人的错误等。

在网络环境中,大学生仅仅了解网际交往的道德准则是不够的,关键在于践行,在于德行的养成。结合网络交际的特征,大学生个体网际德性的培养宜有所偏重,主要包括:第一,要经常反省自己,克制自己。要通过反省以发现和找出自己思想和行为中的不良倾向、毛病和坏习惯,然后克服改正;第二,要学会小心谨慎与道德自律。由于网络的虚拟性,个体上网者可以摆脱他人或舆论的要求和指责,在一个无人监管的空间任意而为,在各种具有现实约束力的外在行为规范不被重视的情况下,上网者的随心所欲将会带来普遍的网际德行的缺失。

在帮助大学生养成网络自律习惯的同时,也要注重培养他们的道德选择能力。网络社会多元道德价值观并存,价值观冲突不可避免。个体必须学会以批判的态度审视各种道德观和价值观,根据所处的情境做出自己的道德思考、判断和选择。只有这样,网络资源才能得到合理利用。

# 第四节　大学生校园危机事件应对与突发事件处理

高校学生稳定是建立在大学生行为规范被广泛认同基础上的工作、学习和生活的秩序化、可控性的运行状态。在我国,高校应坚持育人为本、德育为先,使所培养的人才始终为社会主义经济、政治、文化和社会建设服务,这是高校的立校之本,也是高校学生稳定工作的本质要求。

## 一、大学生校园危机事件应对

维护高校学生稳定,首先是保持学生的思想稳定和政治局面的安定,其次是保持学生的情绪稳定和心态平衡,其基本的标志就是要保持高校规范有序的教学、科研秩序和安定可控的学习、生活秩序。

（一）大学生校园危机事件应对的意义

高校因其特殊的敏感性，历来是社会稳定的晴雨表和风向标。在某种意义上说，高校学生的稳定就意味着社会的稳定。因为高校学生群体自组织化程度高，相互认同意识强，并具有联系的广泛性、利益诉求的公共性和利益表达的优势性，使其最易于得到广泛支持而成为影响稳定的强势群体。纵观近几十年来我国发生的涉及全社会的稳定事件，都有高校学生的参与或与高校学生有密切的关联。因此，做好高校学生稳定工作有着特别重要的意义。

1. 维护高校学生稳定是国家长治久安的客观需要

社会稳定则国家兴旺，社会动荡则国家衰亡，这是治乱兴衰的客观规律，也是古今中外治国安邦的历史经验。我们都知道一个非常著名的论断："稳定压倒一切。"在我们这样一个发展中的社会主义大国，维护社会稳定不仅关系到人民群众的安居乐业，而且关系到国家的长治久安。因此，党和政府历来高度重视稳定工作。邓小平同志曾多次强调："中国的问题，压倒一切的是需要稳定。没有稳定的环境，什么都搞不成，已经取得的成果也会失掉。"总之，一个目标，就是要有一个安定的政治环境。不安定，政治动乱，就不可能从事社会主义建设，一切都谈不上。治理国家，这是一个大道理，要管许多小道理。那些小道理或许有道理，但是没有这个大道理就不行。[①]

2. 维护高校学生稳定是建设和谐社会的必然要求

高等教育作为教育事业的龙头，具有高层位、创新性和直接服务于社会的特点，在培养造就一大批拔尖创新人才和数以千万计的高级专门人才、传承科学文化并促进社会文明进步、推动知识创新及促进科技成果向现实生产力转化等方面负有极为重要的历史使命。高校的作用及其在国家、社会发展建设中所处的重要地位，在客观上要求必须维护高校学生的稳定。高校学生的稳定关系到校园的和谐，也会影响社会的和谐。没有稳定，不仅不能达到校园和谐，而且可能冲击社会和谐。现今的高校与社会联系越来越紧密，广大学生联系着千家万户，众多的毕业

---

① 肖述剑.高校辅导员职业认同研究[M].杭州：浙江大学出版社，2020：49.

生也会走向各行各业。在某种意义上看,不能维护高校学生的稳定,没有校园的和谐,就不可能有真正的社会和谐。唯有维护稳定,积极推进和谐校园建设,才能更好地发挥高校的特殊作用,为构建和谐社会这一长期的历史任务提供人才保障和智力支持。

3. 维护高校学生稳定是学生成长成才的重要保障

我国高校的最基本职责之一就是育人,培养德、智、体、美全面发展的社会主义合格建设者和可靠接班人。育人就需要有一个稳定的环境和氛围,学生也需要一个良好的外部环境来学习知识和参与校园文化活动。调查表明,当代大学生普遍敏锐地关注社会的发展和社会问题以及个人在未来社会中的成长空间,价值取向更加理性和务实,人生观、价值观主流积极健康向上,务实进取,成才愿望日益强烈。满足广大学生渴望健康成长成才的这一良好愿望,就必须努力维护高校的稳定。高校稳定与否,直接关系到能否为在校大学生提供一个良好的接受教育的场所和环境。只有保持稳定,才能维护正常的教学秩序,保障教学工作有序进行,不断提高教育质量,培养高素质的人才;也只有保持稳定,才能维护安宁的校园环境和氛围,保障学生专心学习、积极实践,健康成长成才。

(二)带来校园危机事件的因素

在广泛而深刻变化中的国际局势、我国社会变革中的现实矛盾、高校改革发展中的利益得失以及大学生的思想观念变化和心理困惑的多重影响下,高校学生中还潜藏和新生着多种不稳定的因素。

1. 变化的国际局势和环境对高校产生的震荡

国内外敌对势力"西化""分化"活动对高校学生稳定构成现实的干扰。国外反华敌对势力一方面大力支持包括境内外各种反政府势力的敌对活动,把高校作为反动宣传、政治渗透的重点目标,利用我国社会转型期出现的种种矛盾和热点问题,造谣生事、蛊惑人心,企图煽动高校学生对国家和社会的不满情绪而引发事端;另一方面以正当合法身份作掩护,利用讲学、经济资助、合作研究、学术交流等一些合法方式以及秘密传教、寄赠非法印刷品、网络传播不良信息等许多非法手段深入高校,散布他们的思想,兜售他们的价值观念,企图在高校大学生中培植亲西方的势力和代言人,从而误导广大青年学生,搅乱高校的稳定局面。

### 2. 转型时期社会矛盾在大学生中引起的共振

我国正处于社会转型期,利益关系越来越复杂,各种矛盾和问题凸显。这些矛盾和问题对转型期社会的稳定构成严重的威胁,并往往成为高校学生关注的"热点",影响他们的思想和行为。他们对这些矛盾和问题的密切关注,不仅是出于对社会的责任感和强烈的忧患意识,还由于社会转型牵涉到大学生的切身利益。大学生是一个承载社会、家庭高期望值的特殊群体,给予他们学习期间经济支持的家庭、自身就业以及今后成家立业问题等都可能因社会转型而受到不同程度的影响和冲击。在目前社会群体性事件高发的历史时期,各种以维权为诉求的抗争事件很容易引起高校学生的共鸣,还可能产生一定的示范效应,给高校学生稳定带来很大的隐患。因此,面对社会广泛而深刻的变革以及转型社会的各种矛盾和问题,高校学生很容易产生各种不适、迷茫、困扰和焦虑,同时也很难让置身其中的他们不随之震颤。如果疏导不力或受到煽动,就可能影响到高校学生群体的稳定。

### 3. 高校发展改革中学生权益受损导致的不满

近十年是我国高等教育改革与发展的重要时期,高等教育进行了许多大胆的尝试,高校扩招、后勤社会化改革、就业制度改革、深化教学改革、全面推进素质教育、健全和完善学生资助体系、实行弹性学制、学生缴费上学,等等,这些改革整体上促进了我国高等教育的快速发展,实现了由精英化教育向大众化教育的历史性跨越,也使高校呈现出全新的面貌。但同时,这些改革措施的推进和成效的显现需要一个较长的过程,在改革过程中的一些矛盾和问题却逐步凸显出来,对高校学生的稳定构成了一定的影响。比如,办学条件的改善明显滞后于学生规模的扩大,导致了许多高校内部教学、科研、生活服务设施超负荷运转,出现教学资源紧张、生活环境拥挤的状态,致使学生感到学校办学条件落后,不能满足学习、生活的需要而可能产生不满;高校合并、扩张,多校区、多机制、多层次办学,一些高校师资力量不足,教学内容和形式陈旧,师生关系日渐稀松平淡,影响到学校的教育教学质量,甚至办学质量下滑,致使学生感到学校教学水平不高,不能满足渴求知识的成才愿望而可能产生不满；高等教育的快速发展和高校对外联系的日益密切，使高校的管理工作更加艰巨和复杂，而一些高校管理和服务水平跟不上，不能积极应对学生规模不断扩大、个性日趋多样化的现实需要，解决问题不得力、不及时，甚至出现违规招生、违规办学等问题，因学生的合理要求无法满足而可能引起学生的不满；缴费上学以及教育"市场化"倾向等种种因素，使学生的学习观念和角色逐渐发生了改变，学生权益意识不断增强，在对学校提供的教学、后勤保障、管理服务等方面的要求和期望提高的同时，目前又出现学生经济困难、就业压力增大等问题，将可能直接影响学生的心态和情绪的稳定，等等。这些涉及学生权益的一些具体问题，很容易在高校学生中引起波动和共鸣，解决不好都可能成为诱发学生稳定事件的"爆发点"和"导火索"。

4.学生中偶发事件处置不力诱发的群体冲动

由于自然的、人为的或者社会的偶发性因素引起，在高校突然发生的一些涉及学生的权益和安全的个别事件，极易引起学生的高度关注而成为校园"热点"，如果疏忽大意或处置不力，很可能迅速演化为较大规模的学生群体性冲动，对高校的教学、工作、生活秩序乃至社会秩序造成一定的影响和冲击。比如，校园火灾事故、食物中毒、急性传染病流行、人身伤害事故、财物侵害案件、学生间群体性纠纷、学生自杀或猝死等非正常死亡、因风俗习惯差异引发的民族宗教问题等这类突发事件，发生在学生的身边，涉及学生的切身利益和人身安全，容易激起许多学生的同情和关心，并可能延伸成对学校的群体性对抗情绪。对于这类突发事件，如果高校平时管理严格、预防措施到位、紧急处理迅速、处置方法得当，一般都能够在较短的时间内顺利解决；而如果反应迟缓、措施不力、处理不及时，就随时有可能酿成学生群体性上访、罢餐、静坐、游行等事端，成为影响学校的安定团结和秩序稳定的直接诱因。

（三）预防和处置校园危机事件的对策

高校学生危机事件一般人员多、声势大、影响广，具有很大的危害性，而且一旦处置不当，很容易激化矛盾，造成连锁反应，酿成更为严重的破坏性后果。学生危机事件的危害程度，除了取决于危机事件本身的性质和影响范围外，还取决于高校管理者包括辅导员对危机事件是否有清醒的认识，是否采取了有效预防和正确应对的策略和方法。作为处于高校学生工作第一线的辅导员,必须十分明了预防和处置学生危机事件的基本原则、工作机制和主要方法,一旦发生学生危机事件,能够正确应对,做到快速反应、及时控制、有效处置。

### 1.把握应对学生危机事件的基本原则

应对学生危机事件的基本原则是我们在预防与处置事件过程中所依据的行为准则,直接作用于预防与处置工作的全过程,是制定工作方案及对策,处理危机事件所涉及的各种具体问题的基础。针对高校学生危机事件的成因及特点,预防和处置学生危机事件一般应遵循如下原则。

（1）预防为本,及时控制

坚持预防为本、及时控制的原则,就是要立足于防范,抓早、抓小,认真开展影响学生稳定因素的排查调处工作,强化信息的广泛收集和及时研判,提前做好处置危机事件的应急预案,做到"早发现、早报告、早控制、早解决",力争把诱发学生危机事件的矛盾和问题解决在萌芽状态和初始阶段。如果发生学生危机事件,辅导员必须迅速赶赴现场,一边立即向相关领导报告情况,一边积极组织内部防控网络,努力把学生危机事件控制在基层,控制在学校内部,为解决矛盾和问题赢得时机、创造条件,尽力避免造成局面失控和秩序混乱。

（2）积极疏导,快速化解

坚持积极疏导、快速化解的原则,就是要以人为本、尊重学生,快速理智地把握时机,及时开通和疏通学生的诉求渠道,用真情、真心和爱心去劝阻、制止和平息事态,努力做到"三可三不可",防止"四个转化",即面对既成的学生危机事件,要可散不可聚、可顺不可激、可解不可结,防止个性问题向共性问题转化、局部问题向全局性问题转化、经济问题向政治问题转化、非对抗性矛盾向对抗性矛盾转化。

"可解不可结",就是要善于正视矛盾和问题,对学生的合理要求,要创造条件设法解决,积极消除那些容易激化矛盾的因素,使矛盾得以化解,而不能一概回避矛盾和问题,甚至"刺激"学生又制造新的矛盾,引发新的事端。

（3）区别对待,依法处置

坚持区别对待、依法处置的原则,就是要在事件处置过程中,必须做到"三明了、两不可",区分事件性质,把思想统一到学校甚至中央的安排部署上来,因案施策,合情合理、依法办事。

首先,要做到"三明了":一是判明危机事件的性质,对不同性质或同一性质不同情况的危机事件要采取不同的处置方式;二是探明引发危机事件的矛盾症结,掌握其直接原因和主要问题,有针对性地采取解决问题的措施;三是查明引发或卷入危机事件的人员构成情况,对不同的人员要采取不同的处置策略。

其次,还要做到"两不可",即:一是不可惊慌失措、自乱方寸。处置学生群体性危机事件的过程,从某种角度看也是双方心理较量的过程。这就要求直接参与危机事件处置工作的人员应注意在心理上保持强势,而在行为上则要以"冷"对"热"、以"静"制"动",保持镇定,切不可因受不了"刺激"而惊慌急躁、鲁莽蛮干;二是不可随意承诺、授人以柄。直接参与危机事件处置工作的人员在对抗双方正面交锋时,要注意保持思维的缜密、表达的准确、文辞的弹性,切不可信口开河、随意表态,否则被对方抓住把柄,横生枝节,又会酿成新的事端,甚至可能被对方强迫就范,违背有关法律和政策,造成事件难以处置。

(4)统一指挥,联动响应

坚持统一指挥、联动响应的原则,就是要建立健全预防和处置突发事件的组织机构、工作机制和应急预案,明确学校各部门、单位和人员的职责,设计预防和处置工作的预案,规定控制和平息事态的保障措施等。一旦发生危机事件,确保发现、报告、指挥、处置等环节紧密衔接,并在学校统一领导下实施正确的决策指挥,各方人员能够联动响应,迅速到达各自应急岗位,各负其责开展工作,协同控制局面,切不可各自为政或者相互推诿。高校辅导员在预防和处置学生危机事件的过程中,必须自觉服从学校的统一指挥,既要认真执行学校的安排部署,也要真实反映学生的诉求,努力增进学生与学校之间的交流和信任,依靠各方面的力量积极促进事态缓和直至平息。

2. 掌握应对校园危机事件的有效方法

高校学生危机事件预防和处置工作政策性强、牵涉面宽、情况复杂,需要方方面面的协同配合和共同努力。辅导员作为高校最基层的学生教育管理工作者,要正确应对学生危机事件,不仅需要有一套完备的工作机制,还需要掌握多种有效方法,针对事件的成因、类型和特点灵活运用。

辅导员通常是学校与学生家长之间的最佳"联络员",必然要与学生家长打交道。一般来说,高校发生学生危机事件,或多或少都会引起学生家长的反响和关注,有时可能学生家长担忧孩子的安全,有时还可能有学生家长在幕后支持。如果发生学生危机事件,辅导员要适时与学生家长尤其是参与事件的骨干分子的家长取得联系,说明情况,沟通信息,尽可能地争取学生家长的支持和配合,通过家长劝导分化学生群体,有效控制事态。

## 二、辅导员如何处理突发与紧急事务

近年来,紧急事务在高校学生思想政治工作中屡见不鲜,甚至经常有一些后果严重的事件发生。一些做学生工作多年的辅导员大有感叹:"现在的政治辅导员真是太难当了!"

但到目前为止,在高校中,往往欠缺一个十分全面的突发事件处理体系。就像一位辅导员说的:"虽然我们是最基层、最普通的一群学生工作者,但如果遇到突发事件,我们多努一点力,多做一些事,对于学生来说,却可能影响他的一辈子。"

### (一)遇到自己不能处理的问题怎么办

从客观上来讲,紧急事件发生时大多情况复杂,难以在短时间内做出判断,并且事态发展的影响因素也较多,仅凭辅导员个人的力量很难控制住事态的发展,从主观来讲,辅导员在个人知识面、能力水平、危机事件处理经验等方面有可能也存在欠缺的地方,因此辅导员在紧急事件的处理中遇到自己不能处理的问题也是可以理解的。

一些辅导员在自己所管理的班级中发生紧急事务后,选择自己处理,控制事态,这是正确的,也反映了这位辅导员非常重视紧急事务的处理。但是我们说,要求辅导员尽可能地在第一时间内赶到现场,并尽量处理紧急事务,并不是就等于要求辅导员必须自行将所有问题都解决。那么,为什么有些辅导员明明是碰到了自己处理不了的事情,却仍然没有上报相应的分管学工组、研工组或是分管学生工作的校领导呢?第一,这是因为"报喜不报忧"的传统思想在作祟;第二,是因为害怕自己因此失去在领导眼中的"印象分",落个"工作不力"的评价;第三,对自己能力的盲目自信。

事实上，无论出于以上哪种原因，其后果都可能是严重的，没有能够及时有效地处理好事情，有可能把事情变得更糟。正确的方法是，辅导员应该克服"报喜不报忧"的错误思想，正确认识事件，只要有必要，就应该及时向院系汇报情况，听取指示。因为院系的学生工作主管教师会更有经验，同时也可以和学校各部门取得联系和协调，更好地解决紧急事务。

（二）如何与家长打交道

一般来讲，一旦学生在学校遇到意外情况或者发生紧急事务，辅导员应当及时与家长取得联系，保持与家长的信息沟通，共同为解决问题和帮助学生而努力。大学生独自出门在外，家长的担心不可避免，除了操心孩子日常的学习、生活外，还要担忧孩子是否会发生意外。一旦出现意外事件，辅导员应当从家长的角度出发考虑问题，及时充分地与家长进行意见交流和沟通，以免贻误问题解决的时机。在学生出现意外事件时，有的家长能够理解学校，但有的家长认为自己的孩子之所以出现意外完全是学校的责任，辅导员在与这样的家长进行沟通时往往难以成功，甚至有时家长还会把所有的责任都推到辅导员的头上。此外，在与家长进行沟通中如何表述事情的状况、学生的情况，以及学校的态度等，这些都会影响到辅导员能否顺畅地与家长打交道。

在紧急事务处理过程中，与家长打交道同样是一门学问。一般来说，辅导员在这方面的工作方式是：要及时与家长取得联系，解释情况，沟通信息，尽可能地争取家长的支持和配合。

与家长联络，一要诚恳，二要耐心。将心比心，站在家长的角度，没有哪个家长愿意看到自己的孩子遭遇紧急事务，因此家长也常常会不愿意相信与承认事实，甚至情绪变得激动。在这时，辅导员的态度一定要诚恳，工作方式一定要耐心，要对家长做好解释工作，晓之以理，同时要尽可能地争取家长的支持和配合。应该说，绝大多数的家长都是通情达理的。而很多时候，家长的配合，在提供信息与线索、安稳学生情绪、事后处理与看护等方面，对于解决紧急事务都是非常有帮助的。

但也必须看到，有些家长也会对紧急事务的处理工作起到阻碍的作用。在这种情况下，辅导员工作就应该坚持"有理、有礼、有节"的原则。与家长的沟通，应该采取循序渐进的方式，有时候一下子把所有情况和盘托出，也并不是明智的方法。同时也要注意观察和了解家长的反应，针对不同情况,有效地开展工作。而对于求情、游说等情况,辅导员应该坚持原则,特别是在处理违法违纪违规事件时,更应如此,但同时,辅导员也应该通过与家长沟通,告知家长,学生工作的出发点是和家长一致的,都是为了治病救人,是为了帮助学生回归到正常轨道上来。

（三）如何正确应对自己的困惑

高校辅导员目前普遍年轻化,往往缺乏经验,不仅在应对紧急事务的行为能力上有所欠缺,这种欠缺还体现在应对紧急事务的心理能力上。有的辅导员因为自己所带的班级里出现了紧急事务,处理过程劳心费力,而最后的结果却不尽如人意,这时候就容易产生挫折感,其结果或者是失去了对学生工作的热情,或者对自己的工作能力失去信心,导致此后工作无精打采,得过且过,甚至放弃了学生辅导员应履行的基本责任。这些一方面说明辅导员工作经验上的欠缺,另一方面也体现出了辅导员心理上的不成熟。要妥善处理好各种紧急事务,需要辅导员随时留心身边的人和事,认真总结学生工作中的各种经验教训,从中总结出一定的规律。同时,辅导员还应该关注自己的心理健康,提升自身的心理素质,掌握一定的心理学常识和心理学方法,必要时应该与同事、院系学生工作负责人交流,或者求助心理咨询,正确面对,调节情绪,保持自己在危机事态面前临危不乱,果断准确地做出判断。

高校突发与紧急事务处理已经引起了社会各方面的重视,而各高校也正在努力完善处理体系,优化工作方法。

# 第五章

## 新时期高校辅导员工作的创新发展

　　时代在发展,辅导员工作也要与时俱进,不断进行创新与发展,如此才能跟上社会发展的步伐。本章主要研究新时期高校辅导员工作的创新发展,涉及辅导员工作创新的必要性、原则与目标,高校辅导员工作的方法创新、高校辅导员工作的多维视域,以及辅导员工作创新典型事例分析。

## 第一节　辅导员工作创新的必要性、原则与目标

　　辅导员是一个有温度的职业,面对不同的个体,不能按部就班,面对不同的学生,应该灵活运用,讲究工作的艺术和方法,要把思想教育做在前,只有把以情感人和以理服人巧妙地结合在一起,才能让学生心悦诚服。

### 一、辅导员工作创新的必要性

　　现实的发展为辅导员工作创新提供了必要的物质、技术条件。全球化、信息化、市场经济的发展虽然给我们的思想政治工作提出了严峻的

挑战,但也为高校学生思想政治教育的创新发展带来一些机遇;全球化的眼光,先进科学技术和管理知识,信息化给人们交流和获取信息带来的便捷,大学生个性意识、自我发展意识、法律意识的增强,都为我们开展更加卓有成效的思想政治教育和辅导员工作提供了新的物质、技术条件,也为辅导员工作的创新拓宽了一个更新的领域。趋利避害,为我所用,辅导员工作可以借此在学生思想政治教育的方式、方法、载体、渠道等方面进行大胆创新,不仅丰富了新时期大学生思想政治教育的内容和形式,还对思想政治教育的针对性、现代化、说服力、有效性等大有裨益。

## 二、辅导员工作创新的原则

### (一)坚持具体问题具体分析的原则

具体问题具体分析,一切从实际出发是我党一贯的工作作风和政治优势。辅导员工作创新必须坚持具体性的原则,以人为本,充分尊重大学生个体的思想认识和社会行为的差异,要极具包容性,宽容学生的个性张扬和自主发挥,积极营造一种宽松和谐的学生日常思想政治教育氛围,根据不同学生不同的思想认识层次、不同的需求,因材施教,在平等、尊重的基础上用最有效的方式做好每个学生的日常思想教育和管理工作。[①]

### (二)坚持与时俱进的原则

在新的历史条件下,做好大学生的思想政治教育和管理工作,必须以与时俱进的品格和开拓创新的精神,紧密结合学生工作的实际和特点,坚持解放思想、实事求是的思想路线,立足于高校发展与人才培养的需要,想实招,办实事,求实效,注重总结新经验、新思路、新成果,研究新情况、新问题,创新辅导员工作的新体制、新观念、新方式、新方法。

---

① 王书会,陈鉴,高平平,等.现代高校辅导员工作理论与实务[M].成都:四川科学技术出版社,2008:55.

### 三、辅导员工作创新的目标

辅导员工作创新的目标是：强化学生日常思想政治教育和管理的协调配合，逐步建立和完善学生思想政治教育和辅导员工作全面、协调、可持续发展的长效机制；努力建设一支具有马克思主义理论素养，政治坚定、专兼结合、结构合理的高素质队伍；注重辅导员工作在理论创新、理念创新、内容创新、方法创新上相互协调、整体推进。求真务实，奋力拼搏，不断增强学生思想政治教育的时代感和说服力，逐步提高思想政治教育的针对性、实效性，为高校的发展和大学生成才做出更大的贡献。

## 第二节　高校辅导员工作的方法创新

丰富多彩的教育内容，必须借助适当的方法。方法是根据教育的内容和对象来确定的，在高校教育工作中，教育的客体是有知识、有理想、思想活跃、思维敏捷的青年大学生，加之国内外政治、经济、军事、文化、科技的迅速发展，要使学生能够顺利接受教育内容，坚定信心，更新观念，成为一名合格人才，就必须按照青年学生教育的规律和原则，运用正确的方法进行相应的教育，从而达到教育目的。

### 一、灌输教育法

青年学生虽然有知识、有文化，但他们的马克思主义理论水平、运用马克思主义分析问题、解决问题的能力以及思想修养标准与时代的要求还有一定差距。实践证明，青年学生不可能自发地产生马克思主义思想，也不可能自发产生抵御非马克思主义思潮和"西化""分化"图谋的能力，对他们必须进行马克思主义基本理论和党的路线、方针、政策的灌输。但灌输教育不是强制教育，也不能错误地认为是迫使学生去接受某种政治观点和政治立场，而必须采取灵活多样的形式，以达到实际效果。灌输一般有他人灌输、自我灌输、普遍灌输、个别灌输、形象化灌输、启发式灌输等。进行灌输教育时,要注意以下几点。

（一）要注意渐进性

在灌输过程中,要由浅入深,由表及里,避免急于求成。要针对学生的某些困惑,采取摆事实、讲道理的方法,使青年学生对有关信息的输入认真消化,逐步提高认识能力。

（二）要注意情感性

情感需要是人的基本需要。因此,灌输时语气友善谦和,姿势亲切自然,内容深入浅出,语言简洁精练,双方情感交融在一起,灌输内容才会被真正感知和接受。

（三）要注意竞争性

青年学生具有较强的竞争心理。因此,要设法营造竞争的环境,激发学生对灌输内容的兴趣,使青年学生在不认为是灌输的良好心境中接受灌输,以提高灌输的成效。

## 二、疏导教育法

（一）理论疏导

青年学生思维敏捷活跃,通情达理,辅导员在解决青年学生的思想问题时必须坚持理论联系实际的原则,针对具体人的具体思想和表现,采取辨事明理法、类比推论法、正说反议法、深入浅出法、民主讨论法等,有效地澄清学生思想上的模糊认识,使之在无可辩驳的事实和真理前心悦诚服。

（二）感化疏导

教育者要从关怀、理解教育对象入手,通过激情感染、理解关注、排忧解难等方法,打动对方的心灵,"精诚所至,金石为开",这正是感化指导的高度概括。

### （三）启示疏导

由于大学生的阅历和所处的家庭环境不同，认识问题的出发点和思维的方法也不尽相同，因此，一些学生在思维过程中就会出现不同程度的思考不周、思绪紊乱、思路阻塞等问题。认识上的错误必然导致行动上的错误。对这些问题，教育者要根据不同情况，通过抛砖引玉、类推诱导、知识启迪、反思启示等方法，去打开受教育者思维的大门，把自己论说的道理变为他们自己的个人理解，转化为自发的觉悟，由此而使被教育者的认识日益全面，思考日趋成熟。

### （四）美育疏导

爱美之心，人皆有之。教育者要维护和理解青年学生的爱美心理，不断对他们实施艺术美育、自然美育、社会美育等方面的教育引导，引导他们从观赏自然美到追求社会美，从欣赏艺术的形式美到重视艺术的内容美，从注意外表美到注重心灵美，从保持个人美到爱护集体美，逐步培养他们正确的审美观，纠正错误的审美意识，使他们按照美的规律来塑造自己，争做语言美、行为美的新一代。[①]

### 三、典型示范法

运用典型示范法要注意以下问题。

（1）总结推广先进要注意实事求是。总结经验要找出已有的而不是臆造出来的规律性，要分寸得当，富有余地，不要说过头话，这样的典型才有真正的生命力。

（2）宣传典型，要有一定的声势。要向大学生提出明确的学习目的和内容，端正向典型学习的态度，克服一些"不服气"的思想，虚心学习典型的优点和长处，扩大典型的宣传教育作用。

（3）推广典型切忌强迫命令。学习典型要结合实际情况，不能简单地照抄照搬，更不能"一刀切"。否则，不仅不会收到好的效果，反而会影响青年学生的思想和学习。同时还可以抓住有典型教育意义的反面

① 曲建武，熊晓梅，张伯威.高校辅导员工作学[M].沈阳：辽宁大学出版社，2007：113.

典型现身说法,以切身教训教育大学生,使其引以为戒,不再犯同样的错误。

### 四、思想品德评价法

进行思想品德评价,可以采用多种形式。如评优表扬先进、精神鼓励、物质奖励、正面教育、批评帮助、违纪处分和综合测评等。

评优表先,是对学生的思想认识、道德行为进行纵横两个方面的对比和评价,从中筛选出先进进行表扬,以教育全体学生。

精神鼓励必须与物质奖励相结合。精神鼓励只是对学生的思想行为进行正面的肯定,并给予必要的荣誉和称号,从精神上给人以鼓舞;还要给予物质奖励,充分调动学生的积极性。

正面教育必须同批评帮助相结合,并把二者统一起来。正面教育是充分对学生的思想行为给予正面的评价,认识到学生的主流是积极向上的,并善于在他们身上寻找闪光点。但大学生思想行为上也会有一些消极因素,这就必须进行批评,指出存在的问题,分析问题的根源,提出改正的办法,指明努力的目标,帮助学生完善自己。处分,是对学生严重的不良思想行为所采取的必要措施。

综合测评是近几年来在学生教育实践中不断完善和充实的一种评价方法,是对学生在某一时期学习、工作、思想认识、政治态度、道德行为进行全面的评价,是为了帮助学生总结经验、发扬成绩、克服不足,不断取得进步。综合测评不仅是在现象和数据上给予严格的界定,而且在质的方面也给定了量化的标准和原则,使高校的教育工作具体化。

## 第三节　高校辅导员工作的多维视域

"视域"具有视角和眼界的含义。多维视域是指观察认识事物的多维角度和方法。辅导员的工作对象是大学生,辅导员应该全方位地认识大学生,构建大学生思想政治教育的多维方法模式,形成学校、社会、家庭多维的、立体的教育网络。多维视域对辅导员工作科学化具有重大意义。

## 一、全方位认识当代大学生

（一）学生的概念

高校学生工作是指以培养"有理想、有道德、有文化、有纪律"，德、智、体、美、劳全面发展的社会主义事业建设者和接班人为目标，以帮助学生提高全面素质为根本任务，通过专门的工作部门和人员对大学生组织实施的教育、管理和服务。学生工作有其特定的工作内容和工作要求，随着时代的发展，学生工作的内容也在不断丰富和发展。

我们在工作中经常会有这样的感觉：一是好像什么样的学生都有，学生与"社会人"的差别已经很小。有的学生长年累月、整日整夜地看书学习，他们总是在课堂、自习室或图书馆，每天除了睡觉、吃饭，有十几个小时用来学习；有的学生好像很少学习，整天要么逛商场购物，要么聊天谈时尚，似乎花钱是主要乐趣；有的学生似乎什么都行，学得好，玩得好，社交也得心应手，甚至还能发明创造，直至创业。二是好像难于理解学生。学生的所思所想、所作所为经常出乎我们的预料和理解范围，有时甚至难以沟通。

莫名其妙的感觉远不止这些。其实，每个学生所处的客观环境与以前相比都发生了巨大的变化，与别人相比也有巨大差异。客观环境的变化必然引起学生的变化。这种变化是客观事实，我们不能简单地用"好"与"坏"来评判。

有人从贯穿于学生的各种客观活动空间的信息环境的变化这一角度分析了学生的变化，认为现在的学生处于这样的矛盾状态：对人生已有较多了解，但有时"一知半解"；较少有不适感，但有时"是非不辨"；难以被理论说服，但有时"自以为是"；接受新生事物迅速，但有时"囫囵吞枣"；物质的满足胜过精神的愉悦，但有时"不计后果"。

种种迹象表明，"学生"概念有了重大的发展，"学生"已是综合的社会角色。概括地说，"学生"概念包含如下内涵。

（1）学生是"学习者"。这与传统的"读书人"概念不尽相同，其主要差别在于现在的学生主动学习的比重远远大于被动学习的比重。他们更倾心于自己感兴趣的自以为"有用"的内容，对自己想学的东西非常自觉、非常投入,而对教学计划中自己尚未感兴趣的课程内容(哪怕是必修课)缺乏学习动力。主动学习的比重越大,不能说教师的作用越小,相反,学生越需要教师的帮助,只是这时的帮助应该是指导而不是灌输。因此,"学生"已成为需要更多指导的"学习者"。

(2)学生是"消费者"。这主要有三层含义:一是指现在的本科生都是交费上学,他们都要交给学校一定数量的学费。尽管他们交的学费还不够学校为其花费的培养费用,但是他们与以前免费上学的学生相比有更多、更高的要求,也有更大的愿望参与学校的建设和管理。他们理所当然地要维护其正当权益。二是指现在学生的日常开支项目和数量不断增长,经济来源和支出问题已经成为他们不得不考虑和盘算的问题。无论来自家庭收入、亲友捐助,还是自己贷款所得、勤工助学收入、获得奖学金,他们每月都要花费几百元甚至上千元。三是指学生已经被越来越多的商家视作重要的市场对象,尤其是在电子商务活动中,学生已经成为重要的消费群体。

(3)学生是"创造者"。这主要指现在的学生能够利用空前丰富的信息等各种资源,创造出经济的、社会的和文化的财富。稍做调查就能发现,学校越来越重视针对学生的创新意识的教育、创新能力的培养、创新活动的开展和创新成果的表彰,越来越多的风险投资公司为学生创业设立风险基金,越来越多的学生,尤其是研究生,在上学期间发表学术论文、出版学术著作、发明新技术或开办公司。

"学生"概念的发展表明,"学生"已经不是以前的学生。"学生"与"教师"已经不是两个互不交叉的社会角色,而是两个经常处于同一角色的主体,新的"学生"概念要求我们改变原有态度,开展有针对性的教育、管理和服务工作。

(二)学生特点和思想轨迹的把握

学生工作是一门科学,又是一门艺术。学生工作干部要深入学习和深刻领会党的教育方针,还要运用科学有效的方法,全面准确地把握学生的特点和思想轨迹。

1.学生特点和思想轨迹是开展学生工作的重要依据

简要地讲,学生工作是以人才培养为中心的重要工作,它通过教育、管理和服务等环节,为全面推进素质教育提供强有力的精神动力和思想保证,为学生的健康成长和全面成才提供良好的氛围和优质的服务。这样的工作性质表明,学生工作干部既要认真学习领会党的路线、方针和政策,在实践中坚定不移地贯彻党的教育方针,又要主动为学生着想,提供全方位、多层次、高效率的服务。显而易见,二者都需要把握学生的特点和思想轨迹,否则就难以切实贯彻党的教育方针,也难以为学生提供切实的服务。

在教育工作中,学生工作内容有:党的路线方针和形势政策教育;爱国主义、集体主义和社会主义教育;世界观、人生观和价值观教育;思想品德教育、美育教育和心理健康教育等。我们在具体工作中要针对不同年级确定不同的教育重点和在政治、思想道德、素质、课程等方面的不同要求。为什么确定这样的内容范围呢?为什么要这样确定重点和要求呢?这是培养社会主义事业的建设者和接班人的要求,是由不同年级学生不同的知识水平和接受能力所决定的。因此说,学生特点和思想轨迹是教育工作的重要依据。①

在学生事务管理工作中,我们一般都制定了激励措施,鼓励学生奋发向上;制定了学生处分条例,合理约束和规范学生的行为;建立了经济困难学生助学体系,帮助学生解决经济困难问题。对学生为什么要激励呢?为什么要合理规范学生的行为呢?为什么要帮学生解决经济问题呢?这是因为激励对学生的奋发成才非常重要,学生易犯错误也最能彻底改正错误,况且学生中也确实存在经济困难问题。如果不以学生特点和思想轨迹为依据,学生管理工作怎么能开展得好呢?

在为学生服务的工作中,无论是对新生尽快适应大学生活的指导和帮助,还是为毕业生提供就业方面的指导和服务,或是对在校生的勤工助学活动的指导和服务,同样都是依据不同群体的学生特点和思想轨迹而开展的。

2. 把握学生特点和思想轨迹的过程是了解和满足学生需要的过程

我们已经知道,学生特点和思想轨迹是学生工作的重要依据。我们还要知道,学生特点和思想轨迹是动态的,被我们把握的学生特点和思想轨迹只是部分的。因此,我们要坚持不懈、广泛深入地了解和把握学

① 曲建武,姜德学,张伯威.高校辅导员队伍建设的理论与实践[M].大连:大连理工大学出版社,2008:156.

生特点和思想轨迹。其实,这个过程也是了解和满足学生需要的过程。

学生需要主要是指学生在成长和成才过程中对物质生活和精神生活的需求感和不满足感。学生需要的东西很多,学校不一定都能及时满足这些东西,这就决定了学生需要是一个永恒的主题。

学生需要的内容是有结构的。它可以区分为学习需要和生活需要:学习需要包括学习的专业内容、学习方式、学习方法、学习目标、学习环境、学习条件等;生活需要包括生活质量、生活环境、生活条件等。也可以区分为物质需要和精神需要:物质需要包括学习和生活的物质条件,精神需要包括学生在思想和文化等方面的追求。

学生需要的结构还有层次区分。一是学生需要可以区分为个人需要和群体需要;二是学生需要可以区分为意识到的需要和没有意识到的需要,意识到的需要又可分为表达出的需要和没有表达出的需要。我们把表达出的需要称作可以"言传"的需要,把没有表达出的需要称作只能"意会"的需要。

看得出,内容结构和层次结构交织在一起的学生需要的结构是复杂而多样的。如果我们只注意学生已经表达出的需要而忽视尚未表达出的需要,或者我们只注意学生已经意识到的需要而忽视尚未意识到的需要,那么我们对学生的了解还是不够的。

### 3. 把握学生特点和思想轨迹的目的是提高工作的针对性和实效性

党的各级部门和学校的有关单位一直非常重视学生工作,然而覆盖面不到位、针对性不强、实效性不够等问题依然存在。其中的一个重要原因就是我们对学生的特点和思想轨迹把握得不够准确。我们时刻要牢记,把握学生特点和思想轨迹的目的是提高工作的针对性和实效性。

显而易见,要提高学生工作的针对性和实效性,必须时时把握学生的特点和思想轨迹。学生的特点和思想轨迹在某种意义上是客观环境变化的产物。如果学生工作干部不注意学生成长和成才环境的变化,就无从全面准确地了解学生特点和思想轨迹,也就无法进行全方位覆盖,更无法提高工作的针对性和实效性。

### 4. 把握学生特点与思想轨迹的原则、渠道与方法

（1）把握学生特点和思想轨迹的基本原则
学生特点和思想轨迹的把握是一项复杂而艰巨的工作,在此过程中

需要遵循以下几条原则。

①与学生的实际情况相结合。就是说,在把握学生特点和思想轨迹时,我们不能忽视学生的具体情况。因为不同学生或同一学生在不同时期都会因具体情况的变化而表现出不同的特点和思想轨迹。首先,我们要注意与学生的当前任务和所处的客观环境相结合。学生的主要任务是学习,但这不等于学生在某个阶段没有别的任务,更何况学生的学习内容也在不断变化。学习方式多样化,客观环境时刻在变化,而且不断复杂化,对学生的影响会在性质和程度上出现不同情况。其次,我们要注意与学生的需要相结合。学生自己意识到的需要只是所有需要中很小的一部分,意识到的需要中更多的只是处于"意会"状态,真正能够"言传"的需要很少。我们不能只考虑学生已经"言传"的需要,还要考虑其处于"意会"状态,甚至是尚未意识到的需要。最后,我们要注意与学生的素质和对学生的要求等具体情况相结合。

②中间过程和最终表现相结合。学生特点体现于某次活动或某段时期的全过程,而非仅在最后环节或时刻才表现出来,这一点常常不被人们注意到。我们在工作中可能会遇到有的学生在成功地举办或参与某次活动后,问你"您觉得我(们)怎么样?"或者有的学生在没能做好某件事后问你"您会怎样看我?"这样的问题。如果你的回答是对人的评价,而不是对这次活动或这件事的评价,就会有失准确。一般来说,学生在活动中的动机力量既来自"最终欲望",又来自持续存在的"过程动力",而且二者都是为了某种共同目标的实现,目标的实现需要获得相应的结果,获得结果需要采取相应的行动。采取行动需要制订相应的计划,每个环节的成功才能确保最终目标的实现。这其实也是在把握学生特点和思想轨迹时要注意的连续观点和整体观点。

③直接把握与间接把握相结合。我们在了解学生特点和思想轨迹时,习惯于采用直接的问答方式。也就是学生工作干部直接向学生了解,根据自己的主观想象设计好提问,让学生回答或填写,对获取的信息加以归纳和总结。这种方式发挥了很大作用,对我们的工作有很大的帮助。然而,这种方式难免因为我们的身份而影响有的学生的情绪及其回答的真实性;难免会因为我们自身学识和视野的局限而影响把握的全面性;难免因为缺少中间环节和其他有用信息而影响把握的充分性。如果我们能够利用一些间接的中间环节,比如委托其他教师或管理和服务人员、委托其他学生或专门机构来了解,这样不带问题和框框而是从

学生的不受外力影响的言行中提炼总结,分析其他相关信息等,肯定能够了解到更多的情况,能够更准确、全面、充分地把握学生特点和思想轨迹。

④定性与定量相结合。我们对学生思想状况的研究始终要注意定性与定量的结合,对学生个体思想状况的描述与认识以定性为主,对群体的描述与认识必须有定量描述。在定性与定量的关系中要把握几点:其一,当我们对学生特点和思想轨迹进行定量把握时,要以对学生特点和思想轨迹的定性为基础。其二,不能因为没有量的概念,就轻易认为定性描述不准确、没有说服力;也不要因为有了数据,就简单地认为把握了科学性。其三,定量中的数据,不要只考虑其数值,还要考虑其来源、单位、时限、统计口径等数据要素。

(2)把握学生特点和思想轨迹的基本渠道

我们知道,学生特点和思想轨迹会在很多方面表现出来,会在学生经意和不经意中表现出来。我们在把握学生特点和思想轨迹时难以面面俱到、难以时刻关注,但要综合利用以下基本渠道。

①学生的成长经历。目前在学的大学生中,绝大多数是独生子女,他们成长于改革开放、竞争激烈的时代。他们上大学之前的成长经历,对其世界观、人生观和价值观的形成有着重要的影响。我们不仅要在宏观上考虑是来自农村还是城镇、是否来自独生子女家庭、是来自经济发达的沿海还是欠发达的中西部地区的学生之间的横向差别,而且要考虑学生的成长过程和包括家庭在内的客观环境等的纵向变化。横向或纵向差距较大的学生生活在一起,互相之间的影响也较大。通过对学生的成长经历的考察,我们就能历史地把握学生的特点和思想轨迹。

②学生的课程学习。学生在校期间最主要的规定任务就是在教师的教导下完成学习计划。学习教学计划规定的课程或自己选修其他课程占据了学生相当比例的时间,学生在课堂上的言行表现、对教学活动安排和教师的意见和建议、对课程内容的反映和掌握程度、专业思想的形成过程和当前状况、教师的教书育人情况和对学生的影响等,都是我们在把握学生特点和思想轨迹时要掌握的重要情况。因而,学生的课程学习活动是我们把握学生特点和思想轨迹的重要渠道。

③学生的课外生活。大学生的课外生活是丰富多彩的。相对于课堂学习来说,课外生活轻松自由,学生基本上是从个人兴趣出发参与校园和社会生活的,因此,大学生的课外生活更能够真实地体现学生的性

格特征、思想状况和学生的其他背景材料,成为充分了解学生的重要渠道。如果我们不去了解学生的课外生活,就无法全面准确地把握学生的特点和思想轨迹。

④学生在重大活动或事件中的思想和行为表现。全班性的活动、全院系的活动、全校性活动、全市性乃至全国性的活动,都是相应范围的重大活动,以重要内容为主题的活动也是重大活动。学生对重大活动的看法、想法、意见和建议,以及是主动参加还是被动参加,在活动中的积极性程度和行为表现等情况,对我们了解学生的特点和思想轨迹很有帮助。

⑤学生留给别人的印象。学生都生活在集体中,在集体生活中总能给其他成员留下印象;学生免不了要与教师交往,总能给教师留下印象;学生一般都会向家长汇报在校期间的所思所想、所见所闻,总能给家长留下新的印象,这些印象总能在一定程度上反映学生的特点和思想轨迹。如果我们能够通过学生的同学和朋友、教师和家长了解到这些印象,无疑有助于我们对学生特点和思想轨迹的把握。

⑥计算机网络。计算机网络对学生的影响是巨大的。但我们不难发现,学生在现实空间中不相信的许多事物是因其形式,而不是内容;在虚拟空间中相信的许多事物是因其内容,而不是形式(往往不知道其形式)。这说明,学生在虚拟空间中的思想和行为表现有别于物理空间中的表现。在计算机网络飞速发展的时代,我们必须高度重视和积极利用这一渠道。我们曾经遇到过因有人不负责任地在网上发布谣言或煽动性信息而让人误解或引发不良事件等情况,这有力地说明了利用计算机网络对于了解和把握学生特点和思想轨迹的重要性。

(3)把握学生特点和思想轨迹的方法

我们可采用的技术方法主要有以下几种。

①调查方法。调查方法是搜集信息的重要方法,也是把握学生特点和思想轨迹的传统方法。通过调查,我们可以获得学生的自然属性、特定时间里的事件及其发展情况、学生的品质特征及其频数分布等方面的信息。

调查方法多种多样。从调查范围看有普查、抽样调查、个案调查等,从调查技术看有问卷调查、口头访谈、集体座谈等,从调查途径看有直接调查和间接调查。各种调查方法各有其优点和局限性。如问卷调查可以在较短的时间内获得大量的信息,而且费用较低,被调查者可以不署名而无心理压力,但这种方法受到被调查者填写时的随意性和不完整性的局限；访谈调查可以了解被调查者较为充分的信息，可以及时解释一些理解上的问题，然而访谈调查存在高费用、对访谈者的严要求等局限性。

我们要根据问题的需要和可能的条件选择合适的调查方法，切忌以方法为中心，为调查而调查。虽然我们可以经过不断地实践逐步掌握和灵活运用各种调查方法，但我们要切记在调查（尤其是问卷调查）活动中争取获得专家的支持和帮助。

②观察与实验方法。观察方法可以获取有关学生外显行为的信息，它分为参与性观察和非参与性观察。参与性观察就是观察者参与被观察者的活动，在一起活动（如一起游乐、一同上课等）的过程中观察被观察者的情况；非参与观察就是观察者在边上或隐蔽的地方观察被观察者的活动。无论是哪种方式的观察，都要注意和搜寻每个细节，并做好记录，都要实事求是，不干扰、不左右被观察者的活动。

实验是目的性更加明确的控制性观察，有能确立变量之间的因果关系等突出的优点，也有难以控制等局限性。由于实验的设计可以使得偶然性对于事件过程的影响达到最小值，有人不无道理地断定"被动地观察得来的事实的确定性，不如人为的实验结果的确定性"。我们要努力学会和运用观察与实验方法。

③心理测试方法。心理测量旨在了解学生的心理特质之间、心理特质与外界因素之间的相互关系，建立可使事物数量化的值或量的渐进系列，即量表。心理测量的技术难度较高，我们可以委托或聘请有关专家帮助我们的工作。

④文献分析法。与前述三种方法相比，文献分析方法是不需与学生直接接触，而是通过对相关文献内容的分析以获取信息的技术方法。这里的相关文献主要指学生的作品，如学期论文、在班刊和校刊及其他地方发表的各种文学作品，这些作品都是学生思想和观点的记载。这种方法有学生的无反应性、客观性、连续性和低耗性等优点，也有时滞性强、不完全性等不足。

⑤数据处理方法。运用上述调查方法、观察与实验方法、心理测量方法和文献分析方法所获取的信息中，经常含有大量的数据。对数据的处理，我们往往停留在描述统计的水平，只是以绝对值、平均值差值、百分比等说明问题。而对于数据的推理统计等处理方法知之甚少，用之更少。这种状况往往会造成数据的浪费，更严重的是在一定程度上影响了

我们根据某些数据所做的判断的准确性。比如,关于某个变量的数据,如果不进行推理统计,与其他变量一起进行相关分析,数据的作用就不够充分;关于某项指标的两个不等值数据,如果不进行推理统计,就只能知道其差异,而这种差异是否显著就无法判断。如果我们过多地计较并不显著的差异,或注意不到实际存在的显著差异,那么我们由此所把握的学生特点和思想轨迹就有失偏颇,甚至是截然相反。

## 二、构建思想政治教育多维视域

对学生进行思想政治教育,既要全方位地了解学生、认识学生,也要构建多维的方法模式。多维方法模式的构建有助于思想政治工作方法的创新,有助于增强教育的实效性。

### (一)构建贯穿古今中外的时空视域

中华民族自古以来就有重视思想政治和道德教育的传统,积累了丰富的经验。优良传统和经验,我们应该继承。思想政治工作是我党的优良传统和政治优势,它与党的创立、发展、成熟、壮大紧密联系在一起,在每一历史时刻、每一关键时刻都发挥了重要作用。思想政治工作长期以来形成了一些优良传统。比如:坚持党的基本路线和基本方针;坚持为全党全国工作大局服务;坚持讲政治,坚决同各种错误思潮进行斗争;坚持调查研究,"有的放矢";关心群众生活,注意工作方法;坚持贯彻民主的原则和疏导方针;团结一切可以团结的力量,调动一切积极因素;坚持在党的领导下,依靠全社会共同来做思想政治工作,这些都是在长期的实践中形成的行之有效的有益经验,是一笔宝贵的财富,我们一定要珍惜、继承并使之发扬光大。

现在党所处的时代条件、社会环境和所肩负的历史任务有了很大的变化。时代、环境、任务、对象的变化强烈地呼唤着思想政治工作的改革和创新。可以这样说,思想政治工作不改革创新就不能适应客观实际的要求,就不能得到社会各界的理解和支持,就不可能真正得到加强。相反,会被削弱、会萎缩,甚至失去生机和活力。所以,在继承思想政治工作优良传统的基础上,一定要有所前进、有所发展,要开拓创新。

高校是对社会的发展变化最敏感的地方,也是年轻人最为集中的地方。高等教育近年来跨越式的发展和高校内部改革的深化,对广大师生产生了巨大的影响,而且这种影响还将持久地发生作用。近几年来,高校领导和教师在思想政治教育如何适应新形势、进入新领域、探索新途径和新办法等方面付出了巨大的心血,取得了很多成果,围绕学生收费上学、实行全面学分制、高校后勤社会化、学生社会实践、思想政治工作网络化、学校和学生的法律关系、学生心理健康、经济困难学生救助等课题形成了一些研究的热点,这些探索将对打开高校思想政治工作的新局面起到积极的作用。高校思想政治工作应该把继承优良传统与改革创新结合起来,努力体现时代性;综合运用多学科知识,从多个角度把握思想政治教育的规律性;解放思想、大胆创新、富于创造性,只有这样,才能增强实效性。

（二）创设双元互动的动态视域

教育中的主体地位决定了双方的平等、互动关系。教育是合作的艺术,教学相长、教育与自我教育相结合、形成互动,正是对这种关系的写照。

强调充分发挥大学生在思想政治教育中的积极性和主动性,就是要坚持学生在思想政治教育中的主体地位,使思想政治教育变成大学生自觉、自主的行动。这里面有两层含义:一方面,思想政治教育的根本目的,就是学生的成长成才;另一方面,把大学生思想政治教育搞好,必须把大学生内在的积极性和主动性调动起来,努力使思想政治教育成为大学生内在的强烈需求,把思想政治教育做到学生的心里去。在新的形势下充分发挥大学生在思想政治教育中的积极性和主动性,最重要的就是要坚持以人为本,贴近实际、贴近生活、贴近学生的原则,努力提高思想政治教育的针对性、实效性,以及吸引力和感染力。

# 第四节　辅导员工作创新典型事例

当下大学生大多独立自主,勇于竞争,但是内心敏感脆弱;他们有理想,但信念薄弱;他们有社交意识,但过于依赖网络。在这种情况下,辅导员作为开展大学生思想政治教育的骨干力量,加强学生的思政教育更应当是重中之重的任务,只有思想教育工作到位了,才能在学生管理方面取得事半功倍的效果。同时作为学生的引路人,辅导员的行为修养直接影响着学生今后的发展,所以,言传身教,辅导员要从自身做起,树立正确的人生观、价值观,向学生传达积极正面的能量。下面结合一些典型事例分析辅导员工作的创新。

### 一、西南交通大学实施"磐石计划"加强辅导员队伍建设

所谓"磐石计划",顾名思义就是建设一支信念坚定、素质优良、结构合理的坚如磐石的专家化、职业化的辅导员队伍。"磐石计划"明确了当前学校关于辅导员队伍建设的目的、方向和相关措施,主要体现在三个方面:一是整体规划辅导员的职业愿景,从政策体系上使辅导员成为令人羡慕和尊敬的职业,让辅导员感到事业有奔头、工作有劲头;二是创新工作平台和途径,通过系统培训和精心培养,切实提高辅导员的政治素质和业务能力,使他们坚定理想,甘于奉献,勇于创新,真正成为大学生成才路上的引路人和知心朋友;三是强化队伍管理,以制度建设为基础,以文化凝聚为纽带,使辅导员进有门槛,出有空间,工作有规范,干事有动力。

具体工作中强调首先要配齐、配足辅导员,其次以菜单式服务和学分制管理加强辅导员的培训,再次要构建学术团体,关心辅导员成长。

### 二、让教育更动人——高校辅导员育人方式与时俱进事例

西北农林科技大学扎实推进大学生约谈制度。该校在大学生菜单式培养模式的基础上,在全校范围内推广开展了"思想工作面对面"活动,实施大学生约谈制度,关注女大学生的成长,变被动教育为主动引导的"阳光教育",形成了360°的学生教育管理服务体系和全员育人模式的雏形。

辅导员创新工作实现了把思想政治工作落实到每一个学生的身上,解决了工作指导、培训和考核的难点,壮大了学生工作团队,丰富了学生思想政治工作的内容,拓展了学生工作的渠道,提高了学生自我教育、自我管理、自我服务的意识和能力。

西北农林科技大学永建学院实施大学生党员全程教育新模式。在

党员教育方面,一是加强团课教育,发挥团组织的桥梁作用;二是注重入党积极分子理论培训,从根本上解决思想入党问题;三是进一步加强预备党员培训,强化政治理论学习;四是充分发挥党支部的作用,利用组织生活,进行理论和实践的学习;五是发挥党员的模范带头作用,带动广大的学生积极进取。[①] 在党员管理方面,一是建立党员信息库,加强对党员的跟踪管理;二是建立党支部考核制度,完善党支部管理;三是定期举办党支部实务培训班,加强对党支部委员的培养。经过一年来大学生党员全程教育管理模式在实践中的探索,极大地促进了学院党建工作的开展,引起了广泛关注和较大反响。

开展阳光成长计划——记录成长足迹。西北农林科技大学资源环境学院针对大学生对生涯规划尚未足够重视,学生思想多变的特点,实施"阳光成长计划",该计划一是首次让学生以写月记的形式在辅导员的帮助下一步步优化自己的大学生涯规划,从而使学生顺利地完成职业生涯规划。二是加强学生的养成教育。通过每一篇月记,增进了辅导员与学生之间的互动交流,在此期间辅导员帮助大一新生从入校便养成一个良好的学习、生活习惯,并不断地督促他们完善自我、挑战自我、超越自我。三是以月记的方式收藏大学生活的点滴,记录大学四年成长的足迹,让每一位学生将美丽农林科大的故事带向祖国各地。四是使学院的思想教育工作形成良性循环。将一些优秀学生的月记传给下一届新生阅读,让每一届新生从入校时有一个良好的开端,促使学院学生学习更加稳定,学生工作锦上添花。

### 三、山东科技大学文法系多种措施打造过硬学生干部队伍

为了有效地开展学生工作,山东科技大学文法系制定合理的工作目标,采取多种措施,加强学生干部队伍建设,打造一支思想素质硬、工作能力强、全心全意为同学服务的学生干部队伍。

系领导高度重视学生干部队伍建设。对学生干部高标准、严要求,形成了团总支书记负责,辅导员协助,学生会、班干部、团干部层层落实的责任管理体系,要求学生干部明确责任,对工作、对同学有高度的责

---

① 李薇.高校辅导员与专业课教师协同育人研究[M].长春:吉林人民出版社,2021:46.

任心和服务意识,带好头,服好务,当好领导、教师的助手,做同学们的贴心人。

实行学生干部档案管理制度。对学生会、自律会学生干部个人情况详细登记,对所做工作、所开展的有益活动、所取得的成绩以及所获得荣誉进行记录,建立个人档案,根据学生档案中所反映的情况,进行综合测评,督促学生干部更好地提高工作积极性。

定期举办学生干部培训班。围绕学生干部队伍建设的目标、职责,学生干部的考核及评价,发挥团体精神,做好班集体、团支部建设工作实践。针对学生会干部如何创新工作思路开展工作,学生干部应具备的基本素质,学生干部如何提高工作创新能力和服务水平等,采取集中授课、召开座谈会分组讨论和观看录像影片相结合的形式对学生干部进行培训。

实行学生干部工作例会制度。每两周召开一次主要学生干部例会,进行工作总结汇报,布置下一阶段的工作。结合学生干部的表现及工作能力进行综合考评,考核成绩记入学生干部管理档案。

举办丰富多彩的文体活动,让广大学生干部在组织、协调中锻炼成长,总结经验,增长才干。本学期团总支先后承担了校区运动会彩旗队训练任务、成功举办了系第二届"纵横杯"辩论赛、系优秀文化宿舍创建活动、校区周末文化广场活动等。

奖惩分明,对工作成绩突出、表现出色的学生干部在综合素质测评、推优入党、评优等方面优先考虑;对工作不够积极的,一方面做好教育引导,经说服教育无效的坚决调离工作岗位,对因个人失职造成重大工作失误的,视情节轻重给予通报批评直至纪律处分。

通过采取以上措施,进一步提高了学生干部的理论水平和工作效率,增强了学生干部队伍的凝聚力和战斗力,使学生干部既感到有压力,又有动力和积极性,为今后文法系各项学生工作的顺利开展奠定良好的基础。目前,文法系学生干部精神状态积极向上,工作作风脚踏实地,工作态度求真务实,自身综合素质和服务水平得到提高,文法系学生管理工作呈现出良好态势,学生干部队伍建设取得了明显成效。

### 四、西南交通大学构建思想政治教育管理信息化平台——扬华素质网

为增强大学生思想政治教育的针对性和实效性，西南交通大学积极推进网络思想政治教育工作，开通了学生工作处网站"扬华素质网"。其良好的思想政治教育氛围和便捷高效的信息传递优势，成了交大学生思想政治教育的重要园地。"扬华素质网"坚持"以人为本，学生第一"的服务理念，以"发掘、开拓、导向性"为宗旨，积极创新教育模式，大力传播校园文化和推进素质教育。一是思想政治教育由灌输教育向渗透教育拓展。抓住学生的心理特点，用动人的事迹感召青年学生，引导学生树立正确的世界观、人生观和价值观。二是思想政治教育由单向性向多向性转变。学校思想政治辅导员可以通过网络对学生进行教育、激励和引导；学生也可以通过网络向教师提出自己在学习、生活中遇到的实际问题，并对学校工作提出意见和建议。作为一个真正属于交大每一个学子的网站，学生工作处本着"一切为了学生，为了学生的一切"的思想，做到网站所有的内容都紧紧围绕"学生"这个中心。作为一个思想教育阵地网站，"扬华素质网"有别于其他娱乐性网站，学生登陆后，上面没有电影、流行音乐等给学生带来瞬间的刺激与享受的信息，而全部是对学生成长成才真正有益的内容，让每一个登陆"扬华素质网"的学生都能够从中得到一定的收获，使他们的眼界得到开阔，从思想素质、综合能力、文学修养到心理健康等方面得到全面提高，从而有效引导学生的成长成才。

"扬华素质网"的开通，也为西南交通大学的学生工作搭建起了一个良好的信息化工作平台，网站内有包括国家助学贷款、班级管理、工作简报、新闻活动等一系列与学生和学生工作紧密相关的信息，使广大学生和学生工作者能够迅速、快捷、准确地查询各类信息，实现了学生工作办公的现代化、高效化，学生自我管理的信息化、便捷化，拉近了学校和学生之间的距离。

# 第六章

## 新时期高校辅导员队伍建设的前提与保障

任何工作的开展都需要一定的保障进行支持,辅导员工作自然也不例外。在我国,高校辅导员队伍建设在长期的发展过程中形成了多重保障,从而确保高校辅导员队伍的逐渐壮大。本章就对新时期高校辅导员队伍建设的前提与保障展开分析。

## 第一节　辅导员队伍建设现状

辅导员是学校和学生之间的纽带,其既要做好服务的角色,又要拥有引导人的风范,而工作内容涉及较为琐碎,范围也较为广泛,这就需要我们具备多方面的才能。辅导员首先需要具备充足的知识,其次要具备良好的沟通能力和表达能力,从而将自己的思想准确地传达给学生。井井有条的管理能力可以把学生工作有组织、有计划地开展起来。在学校规定的框架之下,综合学生的实际情况,怎么把工作做出特色,则取决于辅导员的创新能力。除此之外,心理学、教育学、网络应用都应该是当代辅导员的标准配置。

## 一、高等学校辅导员队伍建设的意义

列宁曾经指出:"在任何学校,最重要的是讲课的思想政治方向,这个方向由什么来决定呢? 完全只能由有关人员来决定……任何'监督'、任何'教学大纲'等,绝对不能改变由人员所决定的讲课的方向。"因此,加强高校辅导员队伍建设,关系到培养社会主义事业接班人的千秋大业,关系到教育目标能否实现,关系到党和国家的前途命运,我们必须从战略的高度充分认识建设高素质的高校辅导员队伍的极端重要性,在高等学校营造出一种重视教育、重视辅导员队伍的良好气氛。[①]具体说,加强高等学校辅导员队伍建设的重要意义主要体现在以下两个方面。

首先,建设一支高素质的辅导员队伍,是做好高等学校教育工作,培养高素质人才的组织保证。学生的思想政治意识、道德观念的形成受多种因素的影响,其中主要是受学校辅导员的影响,大学时代正是世界观、人生价值观形成的关键时期,大学所接受的思想政治教育往往决定人一生的精神追求,但是思想教育的成功与否,是否被学生接受,完全取决于学校教育工作的质量,取决于辅导员的责任心和教育艺术,取决于辅导员队伍的整体素质和水平。正因为如此,党和国家的领导人高度重视辅导员队伍建设问题,明确要求各级党委以及教育行政部门和学校都要采取有力措施,关心和爱护这支队伍,在工作、学习、生活等各方面为他们创造条件,鼓励他们不断提高思想业务水平,以卓有成效的工作来赢得人们的尊重和信任。

其次,建设一支高素质的辅导员队伍,是新形势下加强改进高校教育工作的迫切需要。高等学校辅导员队伍从总体上看是一支政治过硬、作风优良,经得起各种考验的,值得党和人民信任的队伍。多年来,由于他们卓有成效的工作,在严峻的国际国内形势下,基本上保持了高等学校的稳定,为培养社会主义事业接班人做出了巨大贡献。

在建设社会主义市场经济的新形势下,高等学校辅导员队伍也存在一些问题,有些问题还相当严重,如果看不到这一点,再不采取果断而有效的措施来提高这支队伍的素质,就有可能酿成历史性的大错误。这

---

① 张书明.高校辅导员队伍建设[M].济南:泰山出版社,2008:24.

些问题主要是学校辅导员队伍在素质方面还存在与当前新形势、新任务不相适应的方面,如用马克思理论武装头脑的任务还不能说已经完成,高等学校重教学科研,忽视教育,忽视政治理论学习的现象较为普遍,辅导员队伍的知识、年龄结构不合理,还存在不安心教育工作、人才流失的现象。在辅导员队伍的培养、管理等方面都还存在许多亟待解决的问题。因此,采取有力措施加强辅导员队伍建设,是一项十分紧迫的战略任务。

### 二、高等学校辅导员队伍的领导与管理

(一)建立统一领导、分级管理的辅导员队伍管理体制

高等学校辅导员队伍所担负的重要任务以及这支队伍在结构和素质上的特点,要求我们必须在分级管理的基础上加强统一领导,使辅导员队伍管理走上正常化、规范化、科学化的轨道。辅导员队伍的领导和管理是学校教育领导体制的重要组成部分,其组织管理体制也应实行校系两级管理的模式。学校党委组织部、学生工作部和学校人事处是学校一级辅导员队伍的管理部门,代表学校对辅导员队伍实行统一管理。其管理职责分别是:党委组织部按照党员、干部的管理权限,负责辅导员队伍中党员干部的管理。主要负责处级以下党员干部的选配、考核和任用,按照党员目标管理办法,对辅导员队伍中的党员干部实行目标管理,通过业余党校,配合有关部门对辅导员队伍进行系统培训,提高辅导员队伍的素质。学生工作部具体负责辅导员队伍的统一管理,负责制定全校性辅导员队伍管理的政策措施和实施办法,负责辅导员队伍的培养、使用和考核工作,负责安排辅导员的教育科研工作,负责学生辅导员(班主任)的统一管理工作和其他有关教育工作。人事处负责辅导员队伍的人事调动工作,负责辅导员的职称评聘工作,配合党委组织部、学生工作部做好对辅导员的培养、使用和考核工作。各系党总支在学校教育主管部门的指导下,根据学校辅导员队伍管理部门的政策和措施,具体负责本部门辅导员的选配和具体管理事项。

(二)建立竞争上岗择优聘用的辅导员队伍管理机制

建立竞争上岗、择优聘用的辅导员队伍管理机制是时代对高校教育工作政策的要求。

高校辅导员队伍的现状要求实行择优上岗,提高待遇,以留住人才。分析高校辅导员队伍的现状不难发现,相当一部分人不安心教育工作,人才流失严重,究其原因主要是待遇过低,不容易出成果,评聘职称不如搞业务的辅导员。兼职的工作岗位如班主任、学生公寓管理员津贴太低,与付出的劳动不成比例,工作岗位没有吸引力。许多学校只能运用行政措施和思想动员的办法来安排教育工作。其实,教育工作者的劳动是一种崇高而复杂的社会劳动,它直接作用于人的思想,引起人们生活道路的转变,形成科学世界观和人生观,从而使精神力量转化为巨大的物质力量。这种劳动关系到一个人的健康成长,关系到党和国家的兴衰成败。这种劳动创造的价值是无法用量来衡量的,理应得到社会的尊重。有了这种认识,就应该给予教育工作者恰如其分的物质待遇和精神待遇,使教育工作成为令人愿意为之付出心血的职业。学校上下对教育工作形成这种共识,统一思想,就可以在高校教育管理中引入竞争机制,通过对教育岗位实行竞争上岗、流动、轮岗等形式,打破"平均主义加大锅饭"的管理模式,从而给沉闷的教育管理工作带来一股清风,带动学校教育工作向纵深发展。

(三)建立和完善辅导员队伍的考核机制

加强对教育工作的考核,是使教育工作由虚变实、由软变硬的重要措施,既是工作一个周期(通常为一个学期或一个学年度)管理活动的终点,也是新的工作周期的起点,教育考核在高等学校教育管理中具有十分重要的地位和作用。

它既是教育管理科学化、规范化的重要保障,又有利于发现和选拔人才,通过科学化、制度化的综合考核,使群众公认的优秀人才脱颖而出。

它还是激励教育工作者勤奋工作的有力措施。依据科学公正的教育考核,可以明确教育工作者的优点和缺点,找准自己在组织中所处的位置,让先进者获得成就感与满足感,使后进者找到自己的差距与不足,促使其通过学习和个人努力加以改正和弥补,从而提高自身素质,努力工作。

建立完善辅导员队伍考核机制要注意以下两个问题。

首先,掌握教育工作的特点,科学设计考核方案。教育工作的对象是人,是有较高文化修养、日趋成熟的大学生。他们生活在社会中,感受着来自社会、家庭等各方面的正面和负面的影响,这就决定了教育工作具有潜在性和间接性的特点。要想使学生的思想发生好的转变,绝不是依靠几次谈话、几次活动就可以收到立竿见影的效果,而是要经过长期细致的思想工作,需要有耐心和毅力。因此,对他们的工作要求不能急功近利、立竿见影。此外,教育工作还需要掌握丰富的多学科知识,还要善于以理服人、以情感人、言传身教。教育工作具有个别性和创造性的特点,而且这种艰苦劳动是通过别人——大学生来体现的。所以,人们往往不容易看到教育工作者的艰辛劳动和贡献,没有甘当无名英雄的奉献精神,要长期坚守教育岗位是困难的。因此,学校领导要对辅导员给予更多的关怀和帮助,不可挫伤他们的积极性。在设计考核评价方案时,必须充分考虑到教育工作的特点,更多地注意定性考核,侧重提高人的素质。

其次,考核要和奖惩制度结合起来。考核是奖惩的依据,奖惩是考核的结果,考核的结果要落实在具体的奖惩措施上。不以人论功,不以言论过,使奖惩建立在科学客观的基础上。要按中央文件精神的要求,建立教育工作表彰制度,对在工作中表现突出,有显著成绩和贡献的教育工作者给予物质和精神方面的奖励。通过奖励增强教育工作者的事业心和责任感,并使他们的工作得到社会的高度尊重。当然,对于在工作中失职违纪、工作懒散的教育工作人员,也要通过制定工作责任制来约束他们的行为,违反处分条件的,坚决给予处分。

# 第二节　辅导员队伍建设的多重保障

辅导员队伍的建设离不开各方面的保障措施,在这方面,我国制定了各方面的制度,从而对辅导员队伍建设提供法律保障。

## 一、辅导员职业化的制度保障

制度化是做好政治辅导员队伍职业化建设的第一步,也是加强辅导员队伍管理的有效手段。目前急需建立的制度有以下几种。

《辅导员的任职规定》。明确规定辅导员的任职资格、素质要求、在职培训和留用程序等。辅导员的选聘作用应当按照"公开招聘、平等竞争、择优录用、严格考核、合同管理"的原则,全面推行聘任制。

《辅导员的职责》。明确规定辅导员的工作范围、具体内容、权利义务等,明确辅导员岗位职责。

《辅导员的考核办法》。明确规定辅导员的考核范围、考核指标、晋升、提资、奖惩等。应遵循"公开、公平、公正"的原则,结合辅导员工作的特点,由专门的机构制定科学合理、易于操作的工作考核制度,重点考察思想政治素质、理论政策水平、工作能力、完成目标情况、工作业绩、业务学习、理论研究能力等。考核标准应明确具体、切实可行,能将考核考评与监督管理紧密结合起来,考核结果与职务聘任、奖惩、晋级相挂钩,奖优罚劣,优上劣下,真正形成高效、务实的人才评价体系。

## 二、辅导员职业化的机制保障

强化高校辅导员队伍职业化建设的有效机制,是顺利实现辅导员职业化的重要保障。因此,必须强化辅导员职业化的选拔、培养、考核工作机制,即坚持准入机制、强化培养机制、建立保障机制、拓宽发展机制、健全考评机制等。

(一)坚持准入机制

从选拔程序来分析,主要有以下三种。

一是公选制,即学校组成由学工、人事、组织等部门联合参与的面向社会公开选拔学生辅导员。基本程序是面向社会广泛发布信息,包括岗位设置、人员数量、任职资格等准入标准和要求,然后参加国家公务员考试或学校单独组织考试,从上线人员中按 3∶1 比例确定面试对象进入面试。面试的方式是成立专家组对面试对象单独考核,考核内容包括公共必答题目和个人才艺表现、能力展示等,然后再进行组织考察。[①]整套程序均公开进行。

二是考核制,即采用发布信息、个人报名、组织考察确定人员。

---

① 唐家良.高校辅导员队伍专业化建设与成长[M].北京:现代教育出版社,2008:189.

三是内定制,即学校根据自身发展要求,直接由学工或学工与人事部门单独确定考察人选和对象,这种方式主要是只注重选拔本校优秀毕业生。

从发展趋势看,第一种模式是最好的,也是今后人才选拔和进一步完善辅导员队伍职业化、专家化的最佳途径和方法。

（二）强化培养机制

从选拔辅导员到使其成为一名称职、合格甚至优秀的职业辅导员,还有诸多工作要做,其中辅导员的培养问题就是一个重要的程序和机制。要积极有效地加大岗位培训力度,促进大学生思想政治教育工作队伍的可持续发展。各高校要建立分层次、分类别、多形式和重实效的辅导员队伍培训体系,坚持先培训后上岗的持证上岗制度,坚持岗前培训、日常培训、在岗培训、骨干培训和脱产培训相结合的培训机制。

学校培训应坚持以教育学、心理学、管理学、法律基础知识、职业指导、学生事务管理和中国传统文化等为主体,采用学习心得交流、队伍内部骨干谈体会作报告、学校党政干部授课和聘请专家学者讲学等相结合的灵活多样的培训形式。各省市应主要由教育厅、教工委牵头,拟订本省市大学生思想政治教育工作队伍培训计划,建立思想政治教育与学生事务管理人才培训基地,对辅导员进行专门培训或轮训,力争用3～5年时间培养一大批业务精、能力强、素质优、品德高的专职辅导员队伍。

（三）建立保障机制

为了促进辅导员的职业化,必须建立完善辅导员队伍的激励保障机制。

首先,必须进一步完善辅导员的专业职称系列评聘办法。

其次,必须进一步完善学生辅导员工作的有关待遇。

最后,学校应在科学研究、住房条件、子女升学就业等方面给予和教师同等待遇并有所倾斜。

（四）拓宽发展机制

中央明确要求,要统筹规划辅导员的发展。首先,要鼓励和支持一批热心于从事大学生思想政治教育工作的骨干在职或脱产攻读学位和业务进修,学成之后长期从事辅导员工作,向职业化、专家化方向发展。

其次,将专职辅导员队伍作为党政后备干部培养和选拔的重要资源,选拔一部分优秀辅导员担任学校各级各部门领导岗位职务。根据工作需要,鼓励和支持一部分优秀辅导员报考地厅级、处级干部或报考国家公务员,积极向地方组织部门推荐优秀辅导员。最后,根据本人志向、条件和要求,向教学、科研工作岗位输送合适的人才。

（五）健全考评机制

进一步完善和健全辅导员队伍的考评机制,切实强化辅导员队伍的考核工作,做到"奖勤罚懒""论功行赏",是进一步强化辅导员队伍建设、管理和使用的有效措施和保障机制,有利于切实推进大学生思想政治教育工作和高校德育工作,有利于社会主义建设合格人才的培养,有利于提升大学的办学层次和理念,有利于社会的安定、团结和稳定,有利于构建和谐教育机制。

# 第三节　辅导员队伍的配备与选拔条件

辅导员队伍的结构从整体上来说应包括:专兼职辅导员的结构、知识专业结构、学历结构、年龄结构四个方面。优化队伍结构就是要在这四个方面优化,形成专兼结合、功能互补、精干高效的辅导员队伍。

## 一、辅导员队伍的配备

（一）优化结构

探讨优化高等学校辅导员队伍结构问题,应从以下几个方面着手。

1. 专兼职辅导员结构

辅导员是高等学校辅导员队伍的重要组成部分。《中国普通高等学校教育大纲》（简称《大纲》）比较明确地说明:高等学校辅导员队伍包括学生专职政工人员,"两课"辅导员和众多的兼做教育工作的业务课辅导员和党政干部。《大纲》还对专职教育工作者与学生的比例做了相

应规定,大体为 1∶120 ~ 150 为宜,但并不包括"两课"辅导员,这为
高校建立一支数量合理的专职辅导员队伍提供了法律依据。高等学校
专职辅导员是指专职从事学生思想政治教育的人员,包括分管教育的副
书记(可兼副校长),学生工作部(处)、团委中从事思想政治教育的人员,
"两课"专职辅导员,专职从事系党总支分管学生教育工作的副书记(可
兼副系主任),团总支书记,辅导员(班主任)以及其他专职从事思想政
治教育的人员。[①]

在建立专职辅导员队伍的同时,担任教育管理和"两课"教学的要
成为当然的兼职辅导员,还要从党政干部、业务课辅导员和优秀学生中
选拔一部分人兼职做教育工作,这样有利于教育工作与教学、科研、管
理等业务工作的结合和相互渗透,从而提高教育工作的实效性。由于教
学第一线的业务课教师和其他工作人员经常和学生接触,具有做好教育
工作的优势,由他们兼职做一些教育工作不仅是必要的,也是完全可以
做好的。从总体来看,这部分兼职辅导员要占整个辅导员队伍的多数,
因此,专兼职结合的辅导员结构应该由精干的专职辅导员和数量较多的
兼职辅导员构成。

2. 学历年龄结构

高等学校辅导员队伍建设也应该体现革命化、年轻化、知识化、专业
化的要求。高等学校是培养高素质人才的摇篮,要培养高素质的学生,
必然要求有高素质的辅导员,应该在学历构成上形成一个合理的学历层
次结构。从跨世纪的高等学校辅导员队伍建设的发展需要来看,应逐步
建立起博士学位、硕士学位和学士学位、大学本科学历到大学专科学历
的学历层次结构。从现在起到未来一段时间,高等学校辅导员队伍的学
历结构必然是"两头小、中间大"的橄榄型结构,即博士、硕士学历人数
较少,专科学历层次人数少,而本科学历层次人数最多。当然这个结构
是处于变化发展中的,从发展的眼光来看,专科学历层次的辅导员应逐
步退出高等教育领域,而博士、硕士学历层次的辅导员会逐步增多。

从心理学的角度来看,20 ~ 35 岁正是生命力的旺盛期,浑身有使
不完的劲,更适合于教育工作无 8 小时内外之分的特点和教育对象年轻

---

① 漆小萍,王自成.辅导员的考核与管理[M].广州:中山大学出版社,2008:
138.

化的特点。因此，辅导员队伍的主体应该由这一年龄段的青年辅导员来担负重任。但也应该看到，各个年龄段的辅导员都有其优势和不足，因而在辅导员队伍的年龄结构上也有一个优势互补的问题。

36～55岁是壮年期，也是人生成熟期，在这一时期，随着工作经验的积累和事业上的成就，他们的思想、心理和工作能力，都调整到一个最佳状态，适合从事教育指导管理工作，尤其是"两课"教学工作，应该充分发挥他们的特长，鼓励他们"双肩挑"，担负更重要的教育指导与管理工作。

55岁以后，人生进入老年期，精力和体力开始迅速衰退，已不太适合从事学生教育工作。但是长期的思想政治工作使他们积累了丰富的知识和经验，具有坚定的立场和政治信念，在师生中享有较高的声望，往往在关键时刻能发挥特殊的作用，是高等学校辅导员队伍的精华，也是我们党的宝贵财富。发挥他们在教育决策咨询、评估监督以及"两课"教学中的作用至关重要，绝不可忽视他们的特殊作用。因此，在辅导员队伍的年龄结构上应该形成一个以中青年辅导员为主体，包括部分老同志在内的"老、中、青"合理结合的队伍。

（二）提高素质

高素质的人才，要靠高素质的辅导员来培养。辅导员队伍结构的优化要建立在提高队伍素质的基础上，辅导员队伍建设归根到底要提高整个辅导员队伍的素质。高等学校辅导员的高素质主要体现在思想政治素质、道德素质、科学文化素质、能力素质、身体心理素质等方面。

1.思想政治素质

提高辅导员的素质，首先是思想政治素质。辅导员要用马克思主义的观点观察和思考改革开放、发展社会主义市场经济出现的新情况、新问题，坚定地团结在党中央周围。敢于同一切错误思想观点做斗争，是辅导员最重要的职责。

2.道德素质

忠诚党和人民的教育事业，为教育事业无私奉献是辅导员职业道德的基础。辅导员是人类灵魂的工程师，要塑造学生具有美好的心灵，辅导员自己应该是一个榜样。辅导员的道德素质主要应体现在两个方面。

一是热爱教育工作,热爱学生;二是严格的自律精神,做学生的道德楷模。热爱学生是辅导员最起码的基本条件,有了这个条件就可以转化为一股巨大的精神力量,支持辅导员在自己的岗位上兢兢业业、恪尽职守。对学生的爱应该是一种崇高而博大的感情,这种感情应建立在对国家前途命运的负责,对青年的未来负责的基础上,只有这样才能使师生情感超出一般的人情交往,有了这种爱才会心安理得,没有失落感,也才会尊重、理解、信任学生,耐心地对他们进行说服教育,帮助他们克服学习和生活上的各种困难,鼓励他们奋斗成才,培养他们成为社会主义事业的建设者和接班人。

### 3. 严格自律是人类道德精神的基础

严格自律对辅导员来说,最重要的就是表里如一,把对党对社会主义的理想信念转化为对教育事业尽职,对美好事物执着追求的实际行动,如果不能做到这些,工作中马马虎虎、敷衍了事,生活中行为不端、自私自利,就会失去学生的尊敬和信任。当然,辅导员也不是道德完人,总会有失误和错误,但只要有追求完美、始终向善的信念,并在实践中不断地改正错误,就是一个高尚的、脱离低级趣味的人。

### 4. 科学文化素质

辅导员不仅要具备系统的马克思主义理论修养和较高的政治理论水平,还要有本专业扎实精深的知识和研究能力。高等学校大量的教育工作都是围绕学生的学习和生活实际,围绕当前社会生活的重大题材而展开的,如果辅导员理论水平不高、知识面窄,就不可能贴近学生的生活,也不可能回答和解决学生的思想困惑和学习困难。

### 5. 能力素质

辅导员的能力素质主要体现在教育管理能力上。辅导员的主要职能是引导学生学会学习、学会生活。继社会上关于婴幼儿独生子女教育问题、中小学独生子女教育问题的讨论之后,大学生独生子女教育问题日益突出,成为学校教育的一个热点。综合来看,独生子女教育的重点集中在学习能力、创新能力、生活能力和适应环境能力上面。教会学生学会学习、学会生活和学会做人是辅导员能力素质的综合体现。

生活教育,就是要教人做人,教人生活,教人读活书、活读书、读书活。引导、教会学生学会学习、学会生活、学会做人是辅导员的主要职责,也是教育培养目标的具体化。辅导员对学生进行思想政治教育的过程,同时也是对学生进行教育管理的过程。教育总是和管理结合在一起并相互渗透的,因此,辅导员还应掌握管理的一般理论和方法,成为教育管理的行家里手。

### 6.心理素质

近年来,大学生的心理问题日益增多,引起了社会的广泛关注,而问题的症结恰恰在于大学生得不到及时的心理咨询和帮助。如果广大的辅导员有良好的心理素质,掌握一些心理调适的方法,并积极开展大学生的心理咨询活动,就能够使思想政治教育深入到学生的内心深处,使之更有说服力和针对性,从而收到良好的教育效果。

### (三)骨干培养

辅导员队伍骨干的培养提高要从高校自身实际出发,从辅导员队伍的实际状况出发,分层次有重点地进行。要着重注意以下几个问题。

### 1.系统地、有计划地对辅导员进行培训

由于教育工作是一门科学、一门专业,没有经过一定的培养、教育,要胜任这项工作是有困难的。在高等学校中,由于没有从培训体制上解决辅导员的培养、教育和提高问题,因此,对担任和拟担任教育专兼职辅导员的人员并未进行系统培训,一些刚留校和刚分配来的大学生未经任何培训就直接担任学生教育工作,这在高等学校是司空见惯的,这种情况应该引起我们的重视。辅导员的素质和工作任务决定了他们必须具有一定的理论知识、专业知识和辅助知识,这些知识的获得,除了靠辅导员的自学和实际工作锻炼外,很重要的一个途径就是要搞好辅导员队伍的教育、培训和提高。

高等学校应从实际情况出发,有计划地对本校辅导员进行短期培训。对于大面积的轮训要立足于本校,充分发挥教育老专家、教授的作用,通过学校的党校和干部培训机构进行各种形式的培训。尤其是要加强对拟担任教育工作的辅导员进行上岗培训,未经培训的不得担任教育专兼职工作职务。培训内容可按思想政治教育专业的培训目标和培训对象的特点和要求,灵活地设置课程。一般应设置基础理论课程、专

业理论课程和相关学科课程三大类。这些课程的设置,可根据条件和时间,有的开设正式课,有的开设选修课。培训以专题讲座、座谈研讨、自学和参加社会实践等形式进行。

2. 加强提高培训和教育科研,努力培养教育学科带头人

在对辅导员进行系统培训的基础上,要进一步加强辅导员的提高培训,要按照中央关于推动思想政治教育的科研和学科建设的意见,把思想政治教育作为人文社会科学的重点学科加强建设,组织教育重大问题研究。高等学校应制定出相应的培养计划和措施,有计划地选送辅导员骨干参加各类全国培训,采取措施鼓励辅导员报考思想政治专业的硕士、博士研究生。

鼓励支持教育科研,完善学校教育科研体制,把教育科研纳入计划,制定相应的政策措施推动教育科研的发展。要破除教育无规律可循,只能就事论事的陈旧思想观念,把教育工作当作一门科学来对待,认真研究它的规律和特点,尤其是要加强研究改革开放,实行社会主义市场经济条件下教育工作存在的新情况、新问题。抓好教育科研队伍的建设,要选择好教育学科带头人,组织对重大教育科研项目的集体攻关。要为辅导员脱颖而出创造条件,努力使学校涌现出一批教育专家、教授。

**二、辅导员队伍的选拔条件**

对进入辅导员队伍的人员应实行严格的准入制度,辅导员选聘应当坚持如下标准与条件。

(一)政治立场坚定

政治立场坚定,具有一定的马克思主义理论水平,较强的责任心和奉献精神,是中共党员。高校辅导员主要工作职责之一是大学生思想政治教育,因而,在当前加强和改进大学生思想政治教育的新时期,对高校辅导员政治和理论素质的要求更加突出,这也是由辅导员的工作性质决定的。所以,要求应聘者必须具备较高的政治素质:要坚持正确的政治方向,坚持四项基本原则,热爱祖国,忠于党和人民,坚定无产阶级的政治立场,政治上时刻同党中央保持高度一致,坚定党性原则,全心全意为人民服务,坚决维护党和人民的利益,积极宣传和贯彻党的路线、

方针和政策,自觉同一切违背党的路线、方针和政策的言论和行为做斗争。只有这样,才能为党的教育事业朝正确方向发展提供强有力的保障。

（二）遵纪守法,严格自律

遵纪守法,严格自律,具备较强的纪律观念,道德品质优良。首先,要求应聘者在本科和研究生就读期间遵纪守法,未受过任何纪律处分;其次,要求应聘者具有优良的道德品质。思想政治教育要靠教育者的言传身教,教育者在一言一行中表现出来的思想境界和道德品质是一种直接而有力的教育因素。在道德行为上,辅导员的道德对大学生具有强烈的示范性。辅导员的言行直接影响大学生的灵魂,影响大学生的内心世界,对大学生思想品德的形成有着耳濡目染、潜移默化的作用,因此要求应聘者具有较高的思想道德水准。[①]

（三）学习成绩优秀,综合素质较高

学习成绩优秀,综合素质较高,在本科或研究生学习阶段担任过主要学生干部（班长、团支书、学生会部长及以上职务）,具有较强的组织管理能力、协调沟通能力和语言文字表达能力。

高校辅导员既是教育者又是管理者,要求应聘者具有较强的组织管理能力,具有确定目标和制订实现目标的具体计划的能力,具有对人力、物力、财力组织实施的能力,具有随时随地对工作中的成败、优劣、得失做出综合判断的能力;当遇到棘手的问题或突发事件时,在保持稳定情绪的同时应具有应变能力,加快学生中突发事件的处理速度,提高思想政治教育工作的整体实效;要求应聘者要具有较强的与人沟通和协调的能力,具备较好的语言表达能力。语言是学生辅导员在思想政治教育活动中表达思想、传授知识、传播文明、启迪学生智慧、塑造学生心灵的最基本工具和最主要的桥梁,没有深厚的语言功底,很难达到教育的目的。

---

① 唐家良.高校辅导员队伍专业化建设与成长 [M].北京:现代教育出版社,
2008:115.

# 第七章

## 新时期高校辅导员队伍建设的新趋势

在新的时代背景下,高校辅导员队伍建设出现了新的发展趋势,如辅导员队伍建设"专家化""专业化""职业化",辅导员的地位与作用也出现了一定的变化。本章主要研究新时期高校辅导员队伍建设的新趋势。

## 第一节　高校辅导员队伍建设的"专家化"

辅导员作为高校思想政治工作队伍的重要组成部分,辅导员队伍建设的好坏直接关系到高校大学生思想政治教育工作的效果。面对新时期、新形势对高校思想政治工作提出的新要求、新任务,高校应重视和加强辅导员队伍建设,为辅导员队伍发展提供平台和机会。高校辅导员自身也应不断通过学习和实践克服本领恐慌,努力朝着专业化、职业化、专家化方向发展。

### 一、高校推进辅导员"专家化"的必要性

#### (一)社会主义办学方向的主导性要求

在市场经济条件下,人们的自主性、独立性得到提升,竞争意识、权

利意识得到强化,在一定程度上冲淡了大学生的集体观念。所有这些问题的存在,直接影响到社会主义的办学方向,对高校思想政治工作队伍,尤其是专职辅导员提出了新的要求和任务。专职辅导员要适应时代的新要求,单凭经验是不够的,必须以科学的理论作为武装。

（二）党和国家方针政策的规约性要求

推进专职辅导员专家化是党中央、国务院的明确要求。《中共中央国务院关于进一步加强和改进大学生思想政治教育的意见》要求高校:"建立完善大学生思想政治教育专职队伍的激励和保障机制。完善思想政治教育队伍的专业职务系列,从思想政治教育专职队伍的实际出发,解决好他们的教师职务聘任问题,鼓励支持他们安心本职工作,成为思想政治教育方面的专家。"

（三）学生全面发展的内在要求

辅导员要破解学生片面发展的难题,就必须深入研究和探讨,弄清楚这些难题产生的原因、背景及规律,并提出有针对性的解决办法。高校要克服学生片面发展的难题,只有不断提高专职辅导员的马克思主义理论水平和运用马克思主义理论开展思想政治教育的能力,使他们中的优秀分子成为思想政治教育方面的专家。否则,实现学生全面发展就成为空谈。[①]

## 二、高校推进辅导员专家化的途径

（一）加强培训力度,夯实专职辅导员的理论基础

高校要制定专职辅导员培训规划,设立专项基金,建立分层次、多形式的培训体系,坚持日常培训和专题培训相结合、理论培训与业务培训相结合、岗前培训与在岗培训相结合、脱产或半脱产培训与在职培训相结合、校内培训与校外培训相结合、学历培训与非学历培训相结合。

在加强专职辅导员培训的过程中,要重点组织他们学习时事政策,学习管理学、教育学、社会学和心理学以及就业指导、学生事务管理等

---

① 徐家林,陶书中.高校辅导员工作新论[M].北京:中央文献出版社,2008:53.

方面的知识,不断提高专职辅导员的马克思主义理论水平和运用马克思主义理论开展思想政治教育的能力。加强培训工作,是推进专职辅导员专家化的关键。

### (二)建立帮带责任制,促进专职辅导员学科专业发展

高校要加强专职辅导员的培养,可安排从事"两课"教学工作、具有副高以上职称的专任教师担任他们的导师,明确帮带责任;并要求专任教师在教学和科研方面,如教学方法、课题申报、职称评审等方面给他们以指导和帮助,为他们搭建学科专业发展平台,促进他们教学水平和科研能力的不断提高。

## 第二节　高校辅导员队伍建设的"专业化"

目前,国内高校的普遍现象是,工作在一线的思想政治辅导员岗位都以青年教师居多。年轻辅导员有着较高的素质和工作热情,但由于刚踏上工作岗位,缺乏经验,给工作的开展带来一定的难度,往往需要很长时间才能适应这个角色。学生工作点散、面广、体量大,对于刚刚走上工作岗位的"思政青椒"来说,既要应付繁重的工作,又要不断努力提升自己,适应人才队伍"专业化、职业化、专家化"的需求。怎样在千头万绪的工作中"弹钢琴",做出有轻有重、有急有缓的适应与协调,既考验着辅导员本身,也对各高校的辅导员队伍建设工作提出了新的挑战。

### 一、辅导员队伍专业化的内涵

何谓"专业"? 英国学者何伊尔对"专业"归纳出这样一些必备条件:专业必须是能承担关键性社会职能的行业;有履行这一专业需要具备的相当程度的专门化的知识和技能;专业人员必须接受高等教育,掌握系统的知识和形成专业的价值理念;以知识为基础的技能必须在非常规的情境中实施,针对具体案例自主地做出专业判断就成为至关重要

的准则；长期的训练，高度的职责等。[①]

专业化是使辅导员队伍向专家化目标迈进的必要和基础。辅导员队伍建设的专业化，使这支队伍具有良好的专业化素养、较高的专业化技能、统一的职业化规范。通过辅导员队伍专业化的建设和培养，辅导员队伍不断朝着"专家型"迈进，逐步成为学生政治工作、思想工作、教育管理工作、心理咨询、就业指导等方面的专家，使每一个辅导员都成为塑造学生灵魂的工程师，成为学生健康成长的引路人、心理健康的咨询师。他们不仅具有扎实的思想政治教育、心理学、管理学等学科的知识和理论，而且还具备较高的文字表达能力、心理沟通能力和组织管理能力，是高素质的思想教育管理人才，是高校学生工作的专家，是高校教师队伍中一支不可替代的力量。

## 二、辅导员队伍建设专业化的重点

（一）管理育人

### 1. 辅导员在教育中的作用

辅导员在教育工作的每个环节都起着重要的作用，其中最突出的有以下两点。

第一，为教育实践创造必要的条件。高校辅导员包括学校的全体行政干部和党群系统的所有干部。这支队伍人数众多，人员遍及学校上上下下，构成一个纵横交错、结构严谨的管理体系。每一个管理干部都在这个体系的不同岗位上履行着各自的职责，保证学校的社会主义方向，使党的方针政策在学校得以贯彻执行，保障学校整个管理系统的正常运转，为教学、科研和一切育人活动服务，使学校各项工作有条不紊地进行，这是实践教育工作必不可少的条件，它能使教育工作在良好的秩序下有计划、有组织地进行，并取得应有效果。

第二，直接履行育人职能。这主要表现在：一是在管理工作过程中，通过宣传、贯彻党的路线、方针、政策和国家的法律法规，对学生进行教育。二是通过制定和贯彻规章制度，树立先进典型，处理违纪行为，教育

---

① 阳作林.高校辅导员意识形态工作能力研究[M].长春：吉林大学出版社，2020：81.

学生追求政治思想进步,勤奋学习、刻苦锻炼,争取德、智、体全面发展,自觉摒弃各种错误思想和不良行为,从而达到规范和指导学生行为的目的。三是通过认真负责的工作精神和严谨踏实的工作作风,当好学生的表率,对学生进行言传身教,使学生受到积极的感染和熏陶。

### 2. 辅导员应当具备的基本素质

高校辅导员担负着贯彻党的路线、方针、政策的重要责任,是学校规章制度的具体执行者。这支队伍的素质如何,直接决定着学校的办学方向和管理水平,影响着教育的质量。因此,所有管理干部都必须具备良好的基本素质。

第一,要有良好的思想政治素质。认真贯彻执行党的路线、方针,政策,模范遵守国家的法律、法规和学校的规章制度,要有坚定的政治信念和坚实的马克思主义基础理论,要坚持党的基本路线和实事求是的思想路线,要能够坚持社会主义的办学方向。

第二,要有高尚的道德素质。要有马克思主义的伦理道德、社会主义道德和中华民族的传统美德,忠诚党的教育事业、热爱本职工作,有强烈的事业心和责任感,能顾全大局,廉洁奉公,先人后己。

第三,要有优秀的科学文化素质。适应社会发展的需要,管理干部必须具备优秀的科学文化素质,要有精深的专业知识、坚实的基础知识和广博的相关知识,并具备融会贯通的本领,否则管理者难以胜任领导重任。

第四,要有较强的能力素质。能力素质包括科学的决策能力、语言文字表达能力、组织协调能力、开拓创新能力,这是新时期对管理干部的特定要求,也是干部必备的素质。

具备了上述素质,才可能使管理工作摆脱凭经验、感情决策的套路,才能完整、准确、明白地表达意图,才能协调好上下左右方方面面的关系,为管理工作创造良好的外部环境,同时,也为工作的创新、进取打下良好的基础。

### 3. 对管理育人的基本要求

充分发挥管理干部在育人中的作用,是加强和改进大学教育工作,保证人才培养质量的重要途径。大学各级领导应当加强对干部队伍育人工作的指导,通过必要的思想教育和政策导向,鼓励和支持广大管理干部积极投身于教育工作。

首先,要加强对辅导员的教育和培养,不断提高管理者的政治和业务素质。高校党政领导要认真抓好辅导员的培养和提高,组织人事部门和理论宣传部门将管理干部的政治理论学习和业务知识培训列入计划。要坚决克服对管理干部只强调使用不注意培养的错误倾向;要采取请进来、送出去、集中培训、个别指导等多种途径和方法,大力支持管理干部学习先进管理经验和现代管理知识,使管理干部开阔视野,提高管理水平,更好地适应新形势下大学教育工作的需要。

其次,要加强辅导员的思想和作风建设。辅导员是学校整个管理体制的载体,其思想水平和工作作风如何,直接影响着育人工作的质量。对管理干部来说,要加强道德修养,"修身齐家治国平天下",先自修身始,以高尚的道德情操形成完美的人格,要严明纪律,自重、自省、自警、自励,加强党性锻炼,树立全局观念。通过加强管理干部的思想和作风建设,促使他们坚持做到廉洁自律、克己奉公、任劳任怨,并以自己的模范行为教育和影响学生,为学生树立榜样。

最后,认真落实有关政策,充分调动辅导员从事育人工作的积极性。目前,高校在岗的管理干部特别是基层管理干部,有相当一部分是近几年的应届毕业生。这些同志热情高,能力强,朝气蓬勃,意气风发,但也有一些后顾之忧,如担心在专业上落伍,在职称评聘等方面享受不到应有的待遇。高校各级领导要在管好用好中青年管理干部的同时,更多地给予青年管理干部以关心和支持,在政策允许的情况下,尽可能地创造条件,帮他们解除后顾之忧,使他们安心本职工作,为培养合格人才贡献自己的聪明才智。

## (二)服务育人

服务育人是指学校后勤职工通过服务工作对学生进行的教育。后勤部门的职工是学校能够正常运转、实现培养目标不可缺少的力量。在高校教育网络中,后勤服务是教育的窗口,后勤职工通过自己的优质服务、文明风尚、模范行为影响、熏陶学生。在对学生就餐、宿舍管理、用水、用电等情况认真探索的基础上掌握学生的心理,从而对学生展开爱护学校公物、艰苦朴素、勤俭节约、热爱集体、文明礼貌等思想教育,把教育渗透在优质服务中。

1. 后勤服务育人的特点

从事后勤服务的职工队伍在高等学校是一个人数仅次于教师队伍的庞大体系,包括总务、医疗、保卫、图书馆等工作人员。后勤育人的基本特点如下所述。

第一,为教学、科研和教育工作提供保障,即间接育人。服务队伍的部分工作人员并不直接与学生接触,其主要职责是:通过自己的辛勤工作,为教师、干部及其他工作人员和学生创造良好的工作、学习和生活条件,使学校的各项工作得以顺利进行。他们是教育工作的幕后英雄,没有他们默默无闻的奉献,整个学校的工作就难以正常运转,也不可能卓有成效地进行育人工作。

第二,直接在为学生服务中影响和教育学生。相当一部分的后勤职工处在服务的第一线,与学生接触较多,其工作态度、服务质量都会对学生产生直接的影响。一些工作热情主动、技术熟练、举止文雅、和蔼可亲的工作人员会受到学生的尊敬和爱戴,成为学生学习的对象。他们以自己的模范行为去影响学生,往往会比其他形式的教育更为奏效。

2. 后勤服务队伍的素质要求

高校后勤服务队伍作为教育工作的重要力量,应当具有以下素质。

较高的政治思想觉悟。拥护党的现行路线、方针和政策,忠诚党的教育事业,热爱本职工作,树立全心全意为教学、科研和广大师生员工生活服务的思想,视学生如亲人,主动帮助学生解决学习、生活中遇到的问题,以自己高尚的思想情操和道德品质感染和熏陶学生。

优良的工作作风。对工作勤勤恳恳,任劳任怨,能够秉公照章办事,廉洁奉公,讲究办事效率,对于师生要求解决的问题能给予足够重视,有条件做到的会及时帮助解决;暂时没有条件解决的,能耐心做好解释工作,一待条件具备,立即予以解决。

过硬的服务本领。熟悉本行业的工作特点和规律,具备从事本职业所需要的知识和技能,对工作精益求精。能运用学校现有的物质条件,最大限度地满足师生工作、生活和学习需要。

3. 服务育人的基本要求

要充分发挥服务在育人中的作用,应当重视加强对这一工作的领导,进一步调动全体后勤工作人员服务育人的积极性。

第一,加强思想教育。增强后勤服务队伍育人的自觉性,多年来,广大后勤工作人员献身党的教育事业,在自己平凡的工作岗位上为培养一批又一批德才兼备的社会主义新型人才洒下了辛勤的汗水。但是还应该看到,一些消极落后的思想观念仍在影响着这支队伍的部分工作人员,尤其是青年职工。服务工作往往还被某些人视为没有出息的职业,致使一些后勤工作人员不安心自己的工作,更谈不上服务育人。因此,必须重视加强对后勤工作人员特别是青年职工的思想教育,帮助他们增强工作责任感和荣誉感,牢固树立服务育人观念,在教育网络中发挥应有的作用。

第二,加强业务培训,提高后勤服务育人的实际能力。随着高校事业的迅速发展,高校后勤服务队伍也不断壮大。一方面,后勤部门逐渐增多,后勤分工越来越细,专业化程度越来越高;另一方面,大批新的工作人员加入后勤服务队伍,既为这支队伍注入了新鲜血液,也使后勤队伍的整体素质受到一定的影响。必须采取一些行之有效的措施,坚持经常抓好后勤服务队伍的业务培训,通过老同志传帮带、岗位练兵、学习现代科技知识等多种形式,促使这支队伍不断结合本职工作提高育人的能力。

第三,加强监督考核,使服务育人制度化。学校及有关部门领导应将后勤服务育人工作列入议事日程,抓督促检查,抓典型,总结经验,建立制度。大力表彰和奖励在服务育人工作中做出突出成绩的人员,热情关心后勤工作人员的学习和生活,帮助他们解决实际问题,调动其服务育人的积极性,努力在后勤服务队伍中形成服务育人的浓厚风气。

# 第三节　高校辅导员队伍建设的"职业化"

高校辅导员主要承担着学生的日常管理、思想教育、素质教育、就业指导等与学生成长成才息息相关的工作,是学生在高校成长最直接的引导者,是高校正常教学秩序的直接维护者,是高校校园文化建设的直接组织者,是高校校风学风建设的直接实施者,是大学精神的直接营造者和传播者。高校学生辅导员的工作性质和任务,决定了这应是一支政治素质高、理论功底强、业务能力精、专业化程度高,能保证高校的社会主义办学方向的职业化队伍。

## 一、职业与职业化分析

### (一)职业

#### 1.职业的概念

"职业"反映着个人与社会两个方面内容,是一个人与社会互动的范畴。在我国,对"职业"概念的解释,自古以来多种多样,下面列举几个常见的观点。

《资治通鉴·后周太祖广顺二年》有云:"李谷足跌,伤右臂,在告月余;帝以谷职业繁剧,趣令入朝,辞以未任趋拜。"陈康祺《郎潜纪闻》卷一说道:"天聪十年,始改文馆为内三院,曰内国史院,曰内秘书院,曰内宏文院,均设大学士一人,各有职业。"这里的职业都是指职务。[①]

《国语·鲁语下》道:"昔武王克商,通道于九夷百蛮,使各以其方贿来贡,使无望职业。"梁章钜《退庵随笔·官常一》有云:"士君子到一处,便思尽一处职业,方为素位而行。"这里的职业都是指应该做的事。

石孝友《水龙吟》词说道:"职业才华竞秀,汉庭臣无出其右。"无名氏《异闻总录》卷二说道:"吾今为掠剩大夫,职业雄盛,无忆我。"刘祁《归潜志》卷七说道:"至于百官士流,贤否皆当如家人美恶;合公望,办职业,而为国者立法,辨其才,然后进退用舍。"这里的职业指的都是事业。[②]

可见,对于职业的概念,不同学者有着不同的看法,但综合来说,他们的看法都存在着一定的相近之处。综合起来,我们认为职业是指个人在社会中所从事的作为主要生活来源的工作,是人类个性的发挥、任务的实现和维持生活的连续性的人类活动。

---

① 姜相志,吴玮.新编大学生就业指导 [M].哈尔滨:哈尔滨工程大学出版社,1999:107.
② 蒋胜祥.大学生就业指导 [M].杭州:浙江科学技术出版社,2003:78.

2.职业的特征

职业具有显著的特征,概括来说主要包括以下几个方面。

（1）规范性

从事职业活动必须遵从一定的规范即职业规范,它主要包括人们在职业活动中应遵守的各种操作规则及办事章程、职业道德规范和职业活动中养成的种种习惯。例如,对于医务工作者来说,会通过法律、行政法规、组织规章以及其他有关诊疗规范的公约、守则等来规范其医护行为,在保证患者生命安全的前提下,尽最大可能去提高生命的质量和价值。

（2）技术性

俗话说:"隔行如隔山。"不同的职业有不同的工作形式、性质、内容,对从业者的专业知识和技能也有着不同的要求,正是这种专业性决定了每种职业的不可替代性。随着时代的发展,人们受教育的水平越来越高,社会对于每个职业的要求也越来越高,大多数职业需要从业者接受长时间的专业学习和培训,因为只有具备了专业的知识和娴熟的技能,才能胜任特定的工作。

（3）经济性

从业者从事某项职业的重要目的之一就是从中获取经济收入,这就是职业的经济性。劳动者在承担职业岗位职责并完成工作任务的过程中要索取经济报酬,既是社会、企业及用人部门对劳动者付出劳动的回报和代价,也是维持家庭和社会稳定的基础。通常情况下,个人为社会做出的贡献越大,创造的财富越多,得到的社会反馈就越大,所获得的个人收入也越多,这体现了个人对社会的付出和社会对个人的回馈之间的高度统一性。

（4）连续性

职业的技术性和专业性要求大多数职业都需要经过长时间的训练,并且需要在时代的发展历程中不断地更新,因此职业是相对稳定的,从业者通过连续的职业生涯可以积累该行业的经验、技能、人脉,得到稳定的生活保障和更多职业发展及晋升的机会。但这并不表明从业者不能变动职业,而是应该在变动前慎重考虑各方面因素,建议选择有一定的"内在连续性"（内在连续性就是能够不断延续和强化之前积累的资源,如经验、技能、人脉等）的职业。

（5）社会性

从业者所从事的职业是社会所必需的,是由于社会需求和社会分工而产生的,受到社会制度、政策、经济、文化等多方面的影响。人一旦从事某种职业,就相当于参与了某种社会劳动,扮演着某种社会角色,需要承担起相应的社会责任。

（6）时代性

职业是时代的产物,随着社会的发展,会不断出现一些新兴产业,同时,一部分职业也逐步退出历史舞台。除此之外,每个现存的职业在不同时期也会有不同的表现形式,只有把握职业的变化,才能适应时代的要求。另外,人们所热衷的职业能够反映当时的社会风尚。个人与时代精神的关系往往反映在人们的职业取向上。

（二）职业化

1. 就业自主化

进入 21 世纪后,随着社会的不断发展和进步,人们自由选择职业的权利越来越得到普遍认可,因此,当前的职业模式发展呈现出就业自主化的趋势,这一模式一方面是政府通过各种形式的法律和相关政策来保障的,另一方面也是个人不断提高自己的就业能力的产物。

2. 知识资本化

当今社会是人才社会,而市场经济是知识经济,以知识运营为经济增长方式,知识产业成为龙头产业,知识经济成为新的经济形态的人类社会经济增长方式与经济发展模式。因此,当前的职业劳动的知识含量大大增加,这就要求人们具有较高的知识水平,从而也将带动职业模式知识资本化的兴起。

3. 流动加速化

随着市场经济的不断完善,个人寻求自身发展的动机与行为大大强化,高度竞争条件下的用人单位人力资源优化配置也进一步加强,这从统计和需求两个方面都使得社会职业的流动加速,从而使得职业模式发展中呈现出劳动力流动加速化的趋势。

### 4. 劳动人本化

在 21 世纪，随着经济社会的不断发展，职业劳动越来越人本化。这主要表现在：职业劳动条件日益改善；职业劳动的内容越来越丰富而逐渐成为"人的第一需要"；劳动生产率不断提高和单位劳动投入所产生的成果越来越多；劳动组织也越来越考虑到员工的利益等方面。这些实际上都是职业模式发展中劳动人本化的一个重要体现。[①]

### 5. 国际接轨化

全球化是不可逆转的趋势。西方发达国家的职业种类、职业劳动技能、职业工具手段、职业管理模式等都已大量渗透并影响到我国，这些渗透一方面为我们的社会职业领域起到巨大的示范与导向作用，另一方面也随着一些跨国公司、合资企业的入境，使我国的职业领域与国际接轨。

## 二、辅导员队伍职业化行为规范

辅导员职业化行为规范更多地体现在遵守辅导员职业要求和学校有关规定，包含着职业化思想、职业化语言、职业化动作三个方面的内容。辅导员职业化行为规范要求辅导员在进入职业角色后，严格按照行为规范来要求自己，使自己的思想、语言、行为符合辅导员的身份。这种规范更多地体现在处理事务的章法上。这些章法的来源：一是长期工作经验的积累形成的；二是学校规章制度要求的；三是通过培训、学习后形成的。通常而言，学校可通过监督、激励、培训、示范来形成统一的行为规范。

建设一支职业化的辅导员队伍首先要有一支稳定的工作队伍，其成员要受过专门的职业教育，具备较高的思想政治素质和职业道德操守，能深刻理解并掌握辅导员的职业道德规范，具有学生思想政治工作必需的专业知识和专业技能，对自己从事的职业有较大的自主性、权威性和创造性。

---

① 李范成.高校大学生就业指导问题研究[M].哈尔滨：哈尔滨工程大学出版社，2016：93.

# 第四节　建立新时期高校辅导员队伍管理的长效机制

　　高校辅导员需要掌握多门专业技术和综合技能,如需要掌握教育学、心理学、管理学、政治学、关系学、人力资源管理开发、法律学等多学科的专业知识,需要运用多种知识去解决工作中的各种问题。这就要求辅导员要积极钻研,投入到学生工作的研究中去,提高自身的专业理论水平。只有掌握了专门的知识,形成了专门的技能,对学生遇到的情况的理解比其他人才能更深刻,对困扰学生问题的了解比学生本人更加透彻,并且能够运用自己的专业技能、经验为学生提供正确的指导,进而赢得学生的信任,最终为学生所接受。只有在进行思考甚至深入研究以后,辅导员才能真正成为学生思想政治教育方面的专家。因此,培训辅导员的业务素质显得非常重要。辅导员业务素质的提升离不开辅导员队伍管理长效机制的建立,为此,下面就对这方面内容展开深入分析。

## 一、长效机制建设的社会环境基础

### (一)关注国情

#### 1.经济全球化

　　在全球化下更多跨国公司入驻我国境内,这些公司不仅需要相关专业优秀的人才,还需要从业者具有良好的对外沟通能力,因此学生在高校内学习的课程就会根据具体需要进行扩充。同时知名的国际性公司成为许多大学生毕业后的目标,其工资标准高、福利待遇好吸引了大部分求职者,因此这些境外公司就能从众多应聘者中选拔出优秀、有能力者加入,极大地提升公司的综合实力。

　　(1)经济全球化对我国高等学校人才培养目标提出了更高的要求

　　新时代人才培养目标定位不断提高,传统单向灌输式教育模式已不符合我国的发展要求和国际形势。仅仅依靠书本知识和课堂学习的教学形式会使学生不具备前瞻观、大局观和发展性意识,无法迎接和应对新时代的新挑战,长此以往将导致我国人才缺失、人才储备不足,不利于我国人才战略发展。因而,学生需要与社会接轨、与时代接轨。注重理论与实践的结合将更加凸显教育改革的力度,从而培养创新型人才。

（2）经济全球化对我国高校的教学内容和方法必然产生影响

全球化最先在西方国家中产生影响,所以当其他国家进入全球化大潮中时,西方发达国家已经成为全球化标准的制定者。这些要求对经济发展尚不完善的国家来说压力较大,但是我们也不能拒绝与其接触并隔离于世界形式之外,所以我们要通过新时代下的高层次的专业教育来培养出熟练应用这些规则的大学生,帮助我国更好地融入全球化的模式。

（3）经济全球化将使我国高校学生工作投入的渠道多样化

跨国公司为扩大影响、追求利润最大化,会直接要求在我国投资办学或合作办学,开设研究所,从而使得科研经费来源趋于国际化。发达国家对于高校教育的发展有着许多经验,已经开始通过满足就业市场需要来设计高校教育专业,这种教育模式值得我们借鉴,这将促进我国一些高校加快与国际接轨,但也对我国政府提出了一个如何从宏观调控上促进高校学生工作发展的新课题。

2. 政治全球化

政治全球化是指政治在全球各国和地区互动、交流、渗透的过程。受政治全球化的影响,国家内部所发生的政治事件会在全球内引起各国广泛关注,一国涉及的问题可能会引起其他国家的共性,进而会形成一些国际化的准则和标准。

我们应该从传统民主制度和观念中解放出来,将其中的优秀成分予以继承、吸收、发展和创新,形成符合时代发展要求的科学民主观。这种科学民主观是传统文明与当代文化相互作用孕育出来的果实,带有浓厚的民族特点和历史沉淀。同时,它也能积极引导学生树立科学民主意识和主人翁意识,形成社会责任感。科学民主观为我国新经济体制下的新政治观提供了思想保障,为高校学生工作改革提供了新契机。

科学民主观进入教育领域对高校的教育管理提出了新要求,高校教育不能仅依据政府安排制定学校的教育课程,更要听取社会各方面对学校管理的意见,促进高校教育走向高质量发展。

全球化发展既有机遇也有挑战,对此要全面分析、正确判断。我国在传统文化的熏陶下,在经济、政治和外交上均以"大道之行,天下为公"体现大国担当。但西方国家的价值体系与我国的主流价值观念和道德素养标准存在冲突,因而在现实教育教学中要积极引导学生树立正确价值观,始终以社会主义核心价值观作为主流价值引导,让学生爱家、爱校、爱祖国,实现全面发展。

### 3. 文化全球化

在世界文化相互碰撞的当下,存在多种形式的文化互动,这种文化交流互动影响着各个国家、地区本身文化的发展。文化全球化的进程是不对等的,每个国家文化底蕴不同,追求的文化高度不一,在这一基础上进行的文化互动也是不平等的,但各种性质不一的文化充斥于全球环境之中,仍影响着文化互动过程,在互动过程中的世界性文化和民族性文化并存的规律也在发挥着作用。

高校是立德树人、人才培养的重要基地。以往高校国际化视野不够开阔,过于强调学生书本知识的灌输,外国文化课程开设不足、学生国外交流机会少、学生出国留学率较低、宣传效果不佳等,都导致学生的国际交流能力和国际化视野不足。随着全球化发展,国外文化涌入中国,高校人才培养目标和学生发展路径有了更广阔的平台和空间。学生的眼界不断开阔,有更多的机会选择出国留学深造,进一步提高了我国高校学生工作质量和人才培养质量。但面对国外众多思潮,高校需要注重思想和价值引领,提高学生的价值辨别力,坚定文化自信。

文化全球化是不同性质文化的交流互动,每个国家的文化历史积淀不同,代表文化也不同,在高校的文化交流则是各个地区、国家的文化思想通过课本展示、教师讲授的方式,增加学生对外域文化的了解;与此同时,相对应的了解他国文化的外籍教员和想学习中国文化的外国留学生人数大幅度增加;在校园生活和课堂环境的接触中,我国学生与外籍学生会交流并且合作完成学习活动;原本仅在校园内学习生活的大学生接触的事物丰富起来了,对生活、世界的思考也更加广阔;这对于价值观逐渐成熟的大学生来说既是机遇,也是挑战。从上面我们可以看出,我国旧有的集中单一教育模式已经不能顺应文化全球化发展的大潮,具有一定教育局限性,所以关于如何在校园文化中让学生了解多元文化、拓展文化知识面是目前高校学生工作者急需解决的问题。

随着世界格局加速演变,外交逐渐深化,全球化为发达国家的价值输出和文化输出提供了便利。发展中国家的民众一旦在潜移默化中接受、认同了发达国家的价值观念便会使国家主流和传统价值受到威胁，影响国家稳定、民族团结。高校要严守思想政治教育的主阵地，提高大学生的价值观念和文化素养，不断弘扬中华民族优秀传统文化，建设中国特色社会主义文化强国。在物欲横流和思潮汹涌的今天，取其精华、去其糟粕，讲好中国故事、传播好中国声音，为提高我国综合实力和国际影响力提供有效手段。

经济全球化加速了文化的融合发展，也对高校学生工作提出了更高要求。需要高校学生工作不断传承和发扬中华优秀传统文化，打破原始封闭观念，发展更具生命力的中国特色社会主义文化，这是提高我国文化软实力，提升国际地位的重要途径。

我国的文化全球化进程应该兼顾中国特色社会主义制度和社会主义市场经济体制，汲取优秀西方文化，将中西文化衔接，不能满盘皆收，在充分体现我国民族精神的前提下，将优秀西方文化融入我国传统文化并组成现代的、民族的、开放的中华文化，面对开放式的文化格局，只有我国文化与他国文化能够融合交流，我们才能更好地顺应文化全球化浪潮[①]。

### 4. 科技全球化

我国国际地位虽然有所提升，但在国际话语权方面仍处于相对弱势。只有通过提高社会生产力，加强科学技术水平，积极应对和解决国际社会中存在的问题，才能不断提高我国国际竞争力和文化软实力。高校应提升教育质量，顺应时代发展潮流，实现传统单向灌输教学模式向双向互动教学模式的转变，进一步提升学生能力，进而实现人才高质量培育目标。

科技全球化对我国国情、教育、文化、律法、人的组织行为习惯和价值观等都产生深远影响。为了确保我国国防科技实力不被国外技术所制衡，应发挥好我国科技创新的支撑引领作用，降低科技全球化负面影响。

传统教育模式以校园为根据地，以课程学习与复习为主要内容，无法实现学生生活化的学习要求，也无法从根本上解决教育的普及化问

---

① 谭顶良．高等教育心理学[M].南京：南京师范大学出版社，2018：78.

题,不利于教育的高质量发展。同时,过去因地域和空间限制,偏远地区无法实现教学资源共享,出现教育不公平等现象。科学技术发展打破了时间空间的壁垒,使教育资源得以共享,日常学习成为可能,促进了教育的改革与发展。

"互联网+"教育模式对教育资源均等化和师生关系平等化产生了巨大的新影响,促使新的教育格局形成,如何实现教育均衡发展成为现代教育亟待解决的问题。

传统教育注重教育计划和教学进度的推进,对教育效益数据建模的重视程度不够。这会导致教育软实力缺失,无法形成良性生态环境,不利于国内外的文化交流,影响我国文化强国建设和国际地位提升。一定的文化反作用于一定的政治经济。因此,为了促进经济发展,就必须充分利用教育资源,设立新的教育目标和人才培养方案,提升国际影响力和文化软实力,加强我国国际教育服务体系和国际文化体系,为提升我国国际竞争力提供长久的人才储备和新鲜力量。

(二)关注校情

高校辅导员队伍建设的长效机制是一项综合性很强的工作。长期以来,各高校在教育管理的实践中逐步摸索形成了与本校发展相适应的辅导员队伍及辅导员管理的规章制度。各高校在辅导员队伍建设方面都有着自己独到的做法。因此,高校辅导员队伍建设与管理的长效机制构建在考虑社会大环境的前提下,还要考虑本校的实际情况;在考虑高校共性的基础上,还要考虑本校具有个性的内容。也就是说,必须从各自的实际出发,秉承学校辅导员队伍建设的优良传统,在共性的基础上不断创新个性化的东西,在建设本校辅导员队伍管理长效机制的过程中不断地优化和完善。

**二、长效机制建设的相关制度**

科学和完善的管理制度是高校辅导员队伍建设与管理长效机制的主体内容。这些管理制度包括以下几个方面。

(1)队伍配置及流动制度。

(2)专业化管理的制度。

(3)终身学习及职业教育制度。

（4）工作考核与学生评议制度等。

（一）辅导员队伍的配置及流动制度

### 1．高校辅导员队伍配置要坚持专兼职相结合的原则

教育部在《关于加强高等学校辅导员班主任队伍建设的意见》中明确要求，专职辅导员总体上按 1：200 的比例配备，保证每个院（系）的每个年级都有一定数量的专职辅导员。同时，每个班级要配备一名兼职班主任。据统计，平均每位辅导员所带的学生大都超过了 120 人。辅导员感到工作任务繁重的同时，没有更多的时间从事大学生的思想政治教育，事务性工作挤占思想教育成为普遍现象。究竟按多少比例配备辅导员合适，要根据各校的实际情况来确定，归根结底要看最终的工作实效。[①]

### 2．辅导员队伍的流动制度

高校辅导员队伍在鼓励向专业化、职业化发展的同时，也不排除队伍成员的流动，因为流动是这支队伍保持旺盛战斗力和肌体健康的基础。我们所说的流动，不仅是指队伍中专兼职的互动，也包括向学校管理队伍输送干部的流动，除此之外还包括不适应这项工作队伍成员的离开等。

（二）建立全方位的辅导员专业化管理制度

### 1．建立多层次、一体化的辅导员教育体系

辅导员教育体系可以在我国现有的高校教师教育体系中进行设计与实施。可依托高校中思想政治教育学学科设置辅导员专业，并就高校辅导员教育专业课程的指导思想、专业理念、设计原则、建构目标、课程标准、结构框架、实施步骤以及工作方案进行深入探讨，从辅导员专业终身发展的整体需要规划培养目标、协调机构功能、设置课程系统、改进教学方法、确定评价方法，形成统一规范的辅导员教育机构认定制度、辅导员教育课程鉴定制度、辅导员教育者制度等专业化教育制度，

---

① 黄林芳．高校辅导员队伍建设机制论[M]．上海：上海财经大学出版社，2009：69.

逐渐形成一套多层次、一体化教育体系。

2. 建立全国统一的辅导员资格认证制度

辅导员资格认证制度是辅导员专业化的重要表征之一,是衡量辅导员队伍素质的主要参照点,也是整个辅导员教育的发展趋势和进步程度的表现。建立辅导员职业资格的认证制度,也就是要求每个辅导员都要以本职业的基本素质和能力为出发点,这是职业身份的确认,也是胜任职业岗位的基本标准,更是能力被社会认同的证明。按照辅导员职业岗位要求所做的教育培养,就是职业教育。

(三)终身学习与职业教育制度

从辅导员选聘的环节开始,我们就坚持要求高标准、高起点,其目标就是打造一支水平高、战斗力强的高校学生工作的队伍,以适应快速发展的形势需要。但这支队伍仅仅只是具备学校书本上学习的那些知识,还是远远不够的。基于专业化、职业化的发展考虑,高校辅导员队伍的建设必须建立终身学习和职业教育的制度。

(四)工作考核与学生评议制度

考核评估办法有助于将辅导员的工作置于学生监督、社会监督的大环境下,有助于辅导员队伍的健康发展,有助于辅导员工作各项管理制度的长效实施。对于辅导员队伍建设与管理中已经实施的考核办法,依然可以在运用的过程中不断地添加科学的元素,不断地加以完善和改进,使方法和手段的运用更加符合工作的初衷和达到工作的目标。

# 参考文献

[1] 陈立民 . 高校辅导员理论与实务 [M]. 北京：中国言实出版社，2006.

[2] 程树武 . 高校辅导员工作机制研究 [M]. 南昌：江西高校出版社，2020.

[3] 池源 . 新时期高校辅导员职业化发展的创新研究 [M]. 北京：冶金工业出版社，2020.

[4] 邓达，古城 . 地方高校辅导员专业化理论实践研究 [M]. 北京：中央文献出版社，2009.

[5] 杜汇良，刘宏，薛徽 . 高校辅导员九项知能教程 [M]. 北京：高等教育出版社，2009.

[6] 冯瑞明 . 高校辅导员工作方法论 [M]. 北京：中国商业出版社，2009.

[7] 国彬，陈宇红 . 高校辅导员心理调适教程 [M]. 北京：人民出版社，2009.

[8] 何小梅 . 高校辅导员工作方法实例解析 [M]. 广州：中山大学出版社，2019.

[9] 黄林芳 . 高校辅导员队伍建设机制论 [M]. 上海：上海财经大学出版社，2009.

[10] 李宏刚，李洪波 . 知行明德：新时代高校辅导员的发展之道 [M]. 镇江：江苏大学出版社，2021.

[11] 李开世，钱晓 . 新时期高校辅导员工作探索 [M]. 成都：西南财经大学出版社，2008.

[12] 李薇 . 高校辅导员与专业课教师协同育人研究 [M]. 长春：吉林

人民出版社,2021.

[13] 李旭炎.高校辅导员工作研究论丛 [M].天津：天津社会科学院出版社,2007.

[14] 李奕林.高校辅导员工作手册 [M].北京：新华出版社,2008.

[15] 林娜.新世纪高校辅导员工作重点难点问题探析 [M].桂林：广西师范大学出版社,2007.

[16] 刘海春.高校辅导员职业生涯发展教程 [M].北京：人民出版社,2009.

[17] 路丙辉.高校辅导员工作实战方略 [M].芜湖：安徽师范大学出版社,2018.

[18] 漆小萍,王自成.辅导员的考核与管理 [M].广州：中山大学出版社,2008.

[19] 曲建武,姜德学,张伯威.高校辅导员队伍建设的理论与实践 [M].大连：大连理工大学出版社,2008.

[20] 曲建武,熊晓梅,张伯威.高校辅导员工作学 [M].沈阳：辽宁大学出版社,2007.

[21] 谭顶良.高等教育心理学 [M].南京：南京师范大学出版社,2018：78.

[22] 潘国廷.大学生辅导学：基于高校辅导员视角 [M].青岛：中国海洋大学出版社,2009.

[23] 史仁民.高校辅导员专业发展论 [M].北京：中央编译出版社,2018.

[24] 史蓉蓉.高校辅导员工作手册 [M].南昌：江西高校出版社,2008.

[25] 孙艳梅.高校辅导员工作理论与实务 [M].长春：吉林人民出版社,2020.

[26] 唐家良.高校辅导员队伍专业化建设与成长 [M].北京：现代教育出版社,2008.

[27] 王传中,朱伟.辅导员工作指南 [M].武汉：武汉大学出版社,2009.

[28] 王海涛.民办高校辅导员职业化研究 [M].重庆：重庆大学出版社,2021.

[29] 王书会,陈鉴,高平平,等.现代高校辅导员工作理论与实务

[M].成都:四川科学技术出版社,2008.

[30] 魏则胜,李敏.高校辅导员道德素养概论 [M].广州:广东高等教育出版社,2018.

[31] 吴巧慧.高校辅导员标准研究 [M].北京:北京交通大学出版社,2017.

[32] 夏吉莉.高校辅导员核心职业能力研究 [M].昆明:云南大学出版社,2020.

[33] 肖述剑.高校辅导员职业认同研究 [M].杭州:浙江大学出版社,2020.

[34] 徐纪尊,杨登山,郑金光.高职辅导员工作理论与实践 [M].东营:中国石油大学出版社,2007.

[35] 徐家林,陶书中.高校辅导员工作新论 [M].北京:中央文献出版社,2008.

[36] 阳作林.高校辅导员意识形态工作能力研究 [M].长春:吉林大学出版社,2020.

[37] 杨化玲.民办高校辅导员职业现状浅析 [M].天津:天津大学出版社,2019.

[38] 杨江水.高校辅导员工作专业化探索 [M].北京:光明日报出版社,2008.

[39] 杨晓慧,李忠军.高校辅导员一线工作实证研究 [M].长春:东北师范大学出版社,2007.

[40] 于满,孙硕.新时代高校辅导员学术科研之路 [M].北京:北京理工大学出版社,2021.

[41] 张书明.高校辅导员队伍建设 [M].济南:泰山出版社,2008.

[42] 张文强.高校政治辅导员职业化研究 [M].开封:河南大学出版社,2007.

[43] 张雯欣.高校辅导员工作手册 [M].北京:光明日报出版社,2017.

[44] 赵辉.高校辅导员胜任力研究 [M].北京:北京交通大学出版社,2020.

[45] 郑晓娜.高校辅导员职业化研究 [M].沈阳:辽宁大学出版社,2019.

[46]高升华.高等学校辅导员工作论坛[M].合肥：安徽大学出版社，2007.

[47]祝建兵.高校辅导员工作艺术[M].昆明：云南科学技术出版社，2007.